1日ひとつやるだけで、
-9センチも夢じゃない！

# 40代からのお腹やせ

みっこ

KADOKAWA

# はじめに

もう歳だから。
好きな服を着ておしゃれするのも、
趣味を思いっきり楽しむのも無理……。
そう思いながらもこの本を開いてくれたあなた、
本当は変わりたいのでは？

**大丈夫！　変われますよ！**

実は、40代からのダイエットは若い頃とは違います。
がむしゃらに走ったり、きついの筋トレをしたりするのは逆効果。
がんばらないで、ゆっくりストレッチするくらいがちょうどいいんです！

ストレッチするのもきつければ、
まずはお腹を「つまんでゆらす」。
これを２ヶ月続けただけで、
ウエストが９㎝細くなった！　なんて人もいるんです。

「人生１００年」の時代。
アラフィフ世代なら、まだ折り返し地点です。
あきらめるには早すぎる。
一緒に、「お腹やせ」をやってみましょ！
体が変われば、人生も変わりますよ。

みっこ

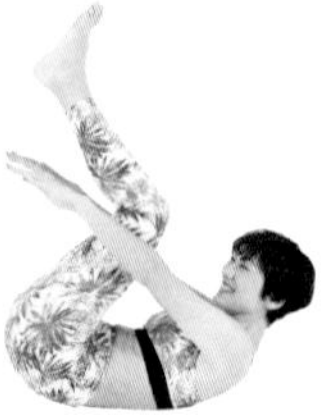



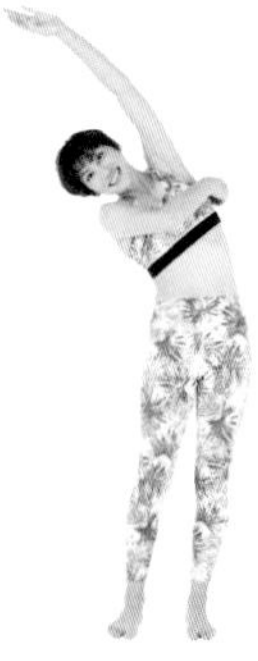

## 第1章 つまんでゆらす つまぷるで即効やせ！



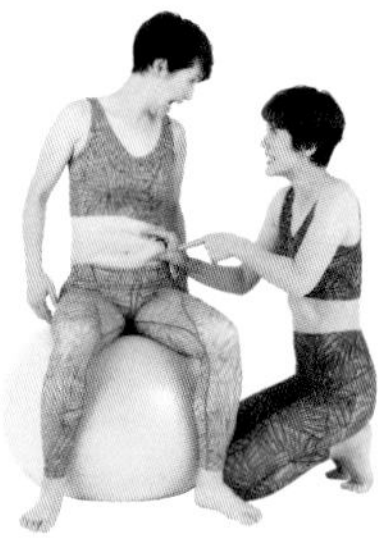

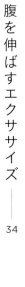

## 第2章 じわっとほぐす タオルリリースでやせ体質に

※本書で紹介しているエクササイズで体調がすぐれない、体に異変を感じた方や持病、疾患のある方は、医師にご相談の上、ご自身の判断で行っていただけますようお願いいたします。

## 第3章 無理なく伸ばす ストレッチで姿勢をシュッ！

制作協力／ゆなぞん、かなえ、チッパー
衣装協力
チャコット（お客様相談室） 0120-155-653
チャンピオン（ヘインズブランズ ジャパン カスタマーセンター） 0120-456-042

## 第4章 明日のお腹やせのために ストレッチ・ルーティーン

**STAFF**

装丁／小口翔平＋加瀬梓（tobufune）
本文デザイン／喜來詩織（エントツ）
DTP／道倉健二郎（Office STRADA）
撮影（スチール＆動画）／島本絵梨佳
ヘアメイク／依田陽子
スタイリング／古賀麻衣子
校正／文字工房燦光
編集協力／野口久美子

## 筋トレなしでお腹がへこむワザがある……？

大丈夫！そんな人のためにとっておきの方法があるから
かんたんだよ！
やり方は……
お肉をつまんで
つまぷる
ぷるぷるゆらすだけ!
え゛え゛っ
つまぷる～？そんなのでやせますかぁ？
これまでの成果を見なさい！
フフフ……

# 実例 私たち、「つまぷる」でやせました!

BEFORE　AFTER　51歳

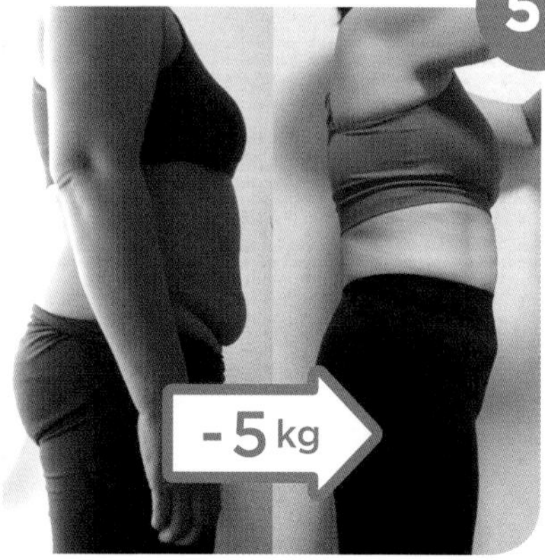


体重以上に見た目が変わる!
撮影後1.5ヶ月で
さらに5.5kg減っている。

BEFORE　AFTER　48歳

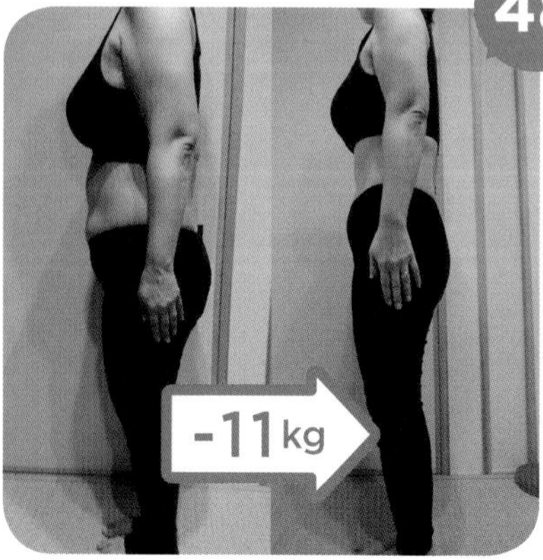


ウエスト-12cm、体脂肪-10%。
デニムのサイズがLからSに変わった。

BEFORE　AFTER　63歳

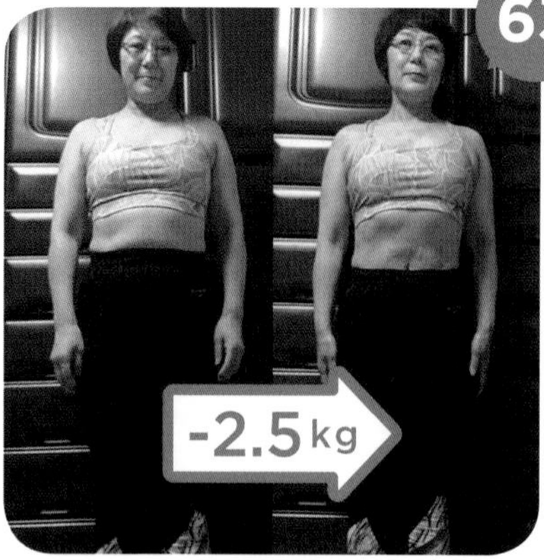


「キューピー人形」みたいだった
お腹のポッコリがなくなった。

BEFORE　AFTER　42歳

姿勢が変わったことで、身近な人から
「やせた」と言われるように。

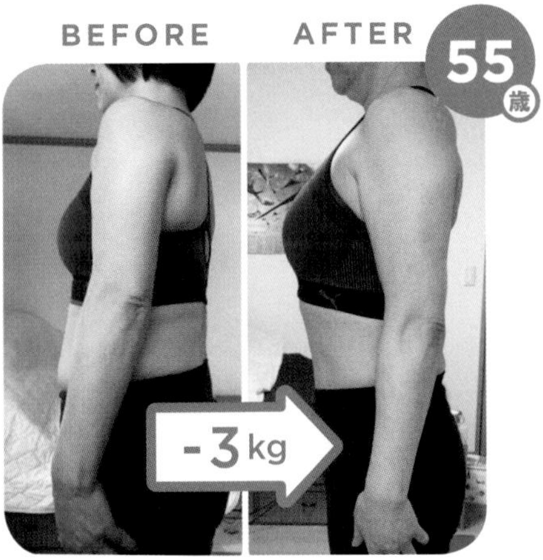
BEFORE
AFTER
55歳
-3kg

体脂肪率が30%を切った。
デニムもウエストがゆるくなった。

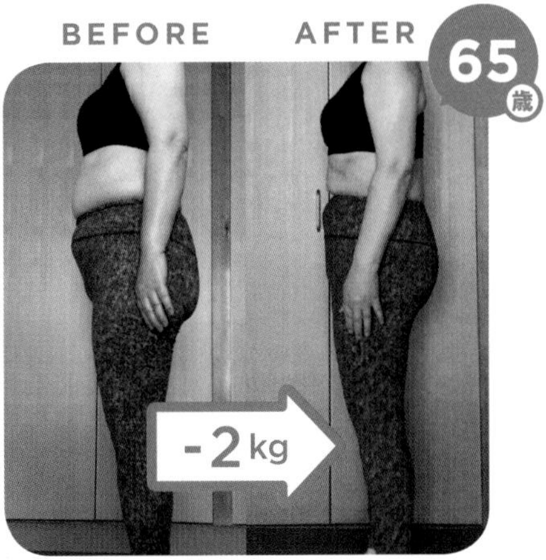
BEFORE
AFTER
65歳
-2kg

これまではいていたパンツが、
今ではユルユルになってしまった。

BEFORE
AFTER
49歳
-6kg

いつものパンツがブカブカになり、
楽にしゃがめるようになった。

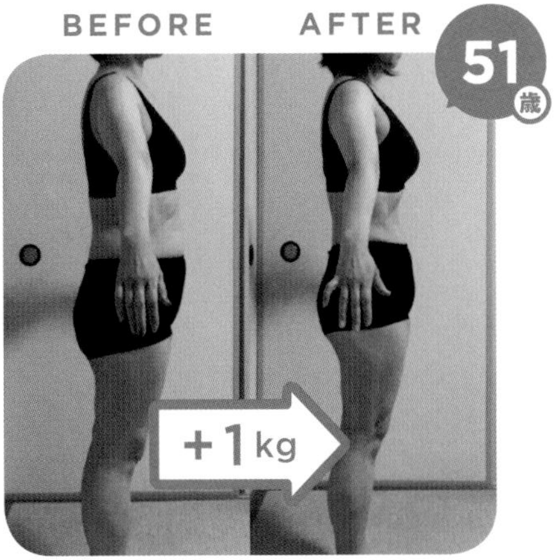
BEFORE
AFTER
51歳
+1kg

体重は少し増えたけれど腹肉が
ごっそりなくなり、ウエスト-2cm。

すすすごい!

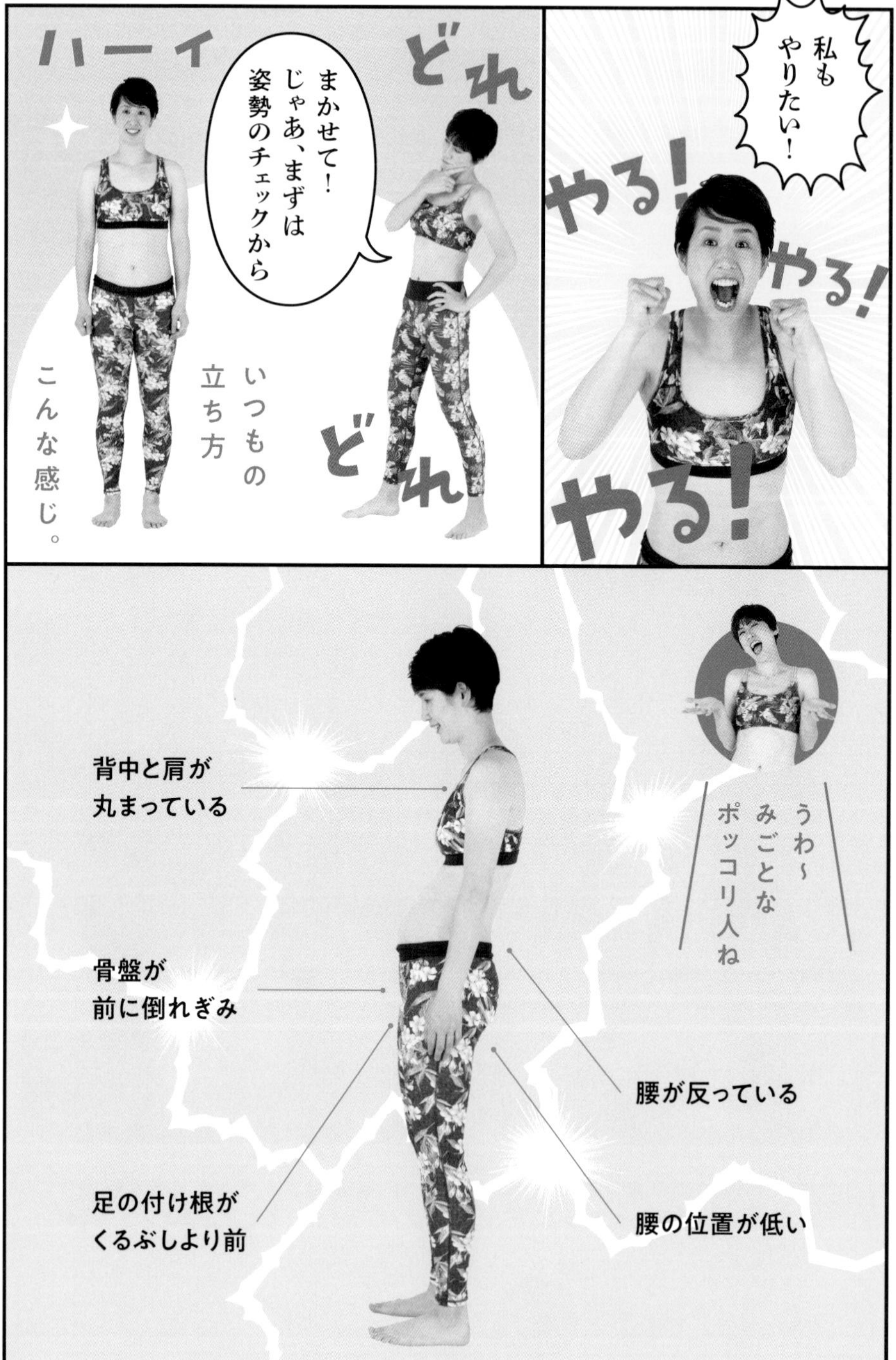
私もやりたい！
やる！
やる！
やる！
まかせて！じゃあ、まずは姿勢のチェックから
どれ
どれ
ハーイ
いつもの立ち方
こんな感じ。
うわ～みごとなポッコリ人ね
背中と肩が丸まっている
骨盤が前に倒れぎみ
足の付け根がくるぶしより前
腰が反っている
腰の位置が低い

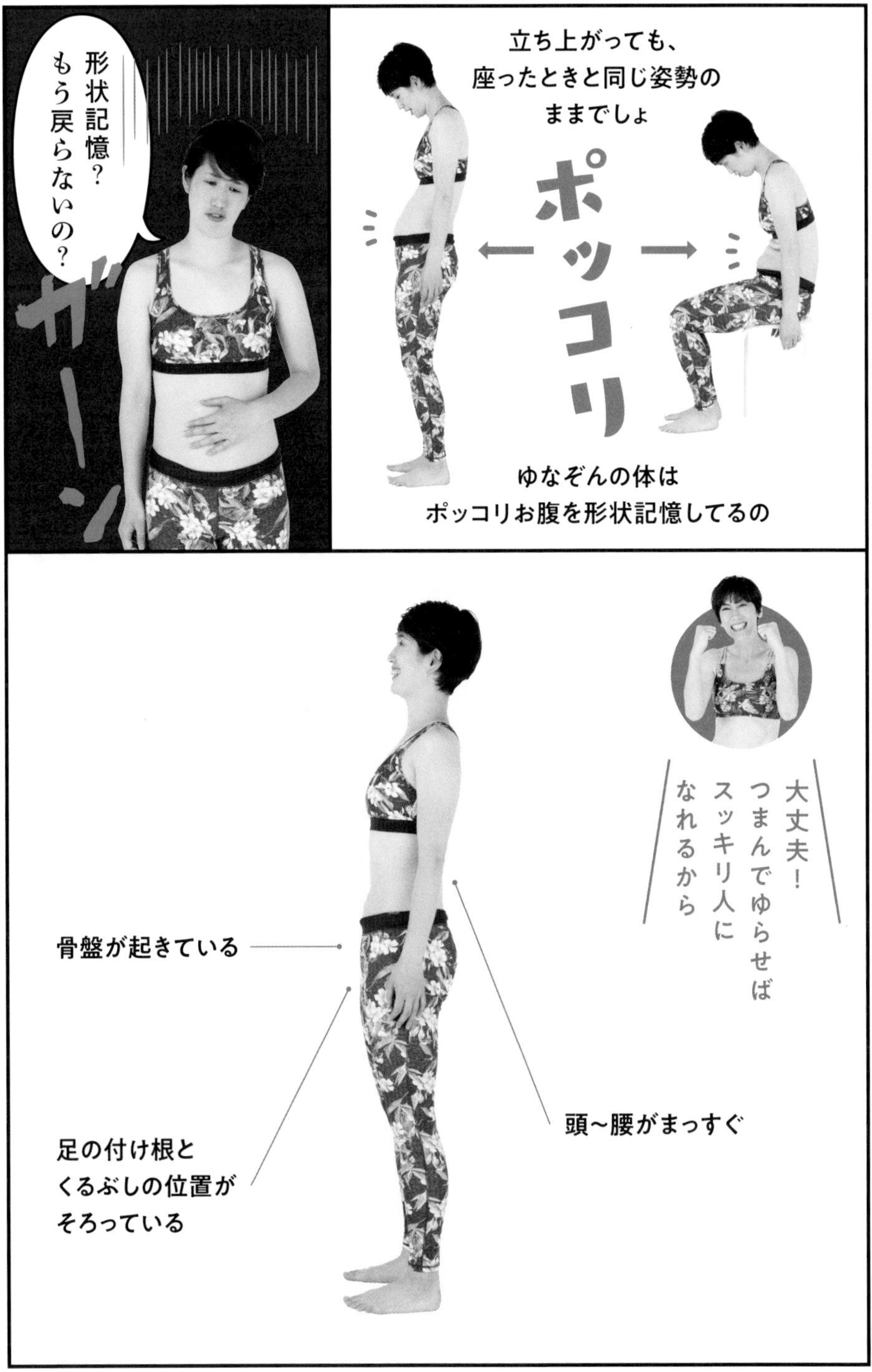
立ち上がっても、
座ったときと同じ姿勢の
ままでしょ
ポッコリ
ゆなぞんの体は
ポッコリお腹を形状記憶してるの
形状記憶？
もう戻らないの？
ガーン
大丈夫！
つまんでゆらせば
スッキリ人に
なれるから
骨盤が起きている
頭〜腰がまっすぐ
足の付け根と
くるぶしの位置が
そろっている

まずはスッキリ人のイメージをつかむこと
ハイ、伸びて！
ギューーーッ
そっと腕を下ろすと……
伸びる前後で見た目が変わってるでしょ
ポッコリ……
スッキリ！
伸びる前
伸びた後
うーん…
……でも、5秒で元に戻っちゃった
ボヨヨーン
まずは1週間、つまぷる→伸びを続けて！
だんだん、伸びたときのスッキリお腹を保てるようになるから
ついていきます！

ここまで読んで、笑ってるあなた！
実はポッコリ人じゃないですか～？

# ポッコリ人度CHECK!

自分に当てはまるものを、すべてチェック。
チェックが多いほど、ポッコリ人度も高めです。

- □ 起きている時間のほとんどを座って過ごしている
- □ 肩や首のこりがつらい
- □ 腰が痛いことがある
- □ 椅子に座ると、背もたれに体重をかけてしまう
- □ 背中が丸く、肩が前に出ている
- □ 背筋を伸ばそうとすると、腰が反ってしまう
- □ スカートやパンツの上に、お腹のお肉がのっている
- □ ウエストのくびれが見当たらない
- □ 胃がポッコリ出ている
- □ 立って前屈したとき、指先が床につかない
- □ 下腹に力を入れてもかたくならない
- □ 背中に腕を回して肩甲骨をつかめない

チェックが多くても大丈夫。
私がスッキリ人の世界に連れていきます！

## ポッコリ人の筋肉は活動休止中

筋肉や骨などは薄い膜で覆われています。この膜ははりつきやすい性質があるため、体を動かさずにいると、まわりにペタッ。はりついた部分の筋肉は動きにくくなってしまいます。本来、人間にとって楽なのは、背すじを伸ばした姿勢です。でもお腹をポッコリ出した状態で筋肉が活動を休止した場合、その姿勢が「自然で楽」に。そのため正しい姿勢をとっても、すぐにポッコリ人に戻ってしまうんです。

## 進化の道のり

―ポッコリ人からスッキリ人へ―

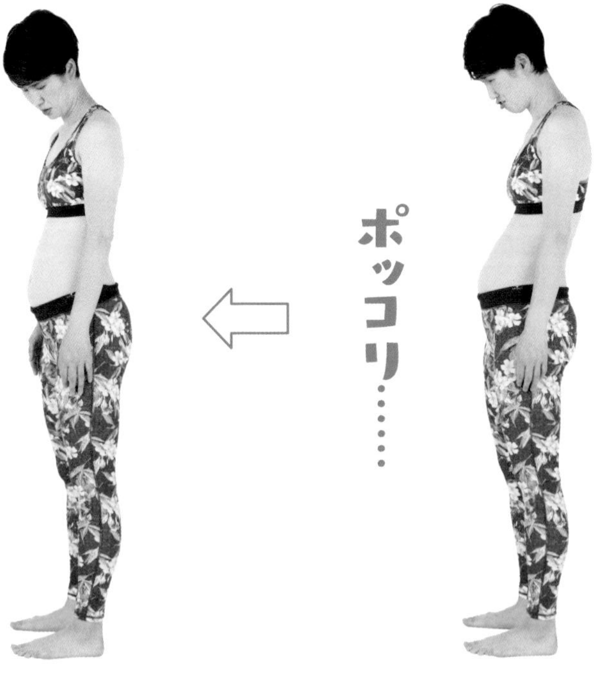

## 「動く筋肉」をとり戻せば お腹もスッキリ

正しい姿勢をキープする第一歩は、はりついた筋肉をはがすこと。そのために有効なのが、お肉をつまんでゆらす「つまぷる」です。つまぷるで筋肉が動くようになれば、お腹をへこませたスッキリ人の姿勢を続けられるようになります。

筋肉が動くということは、エネルギーが使われるということ。つらいダイエットをしなくても脂肪がたまりにくくなり、スッキリ人化はどんどん加速していくはずです。

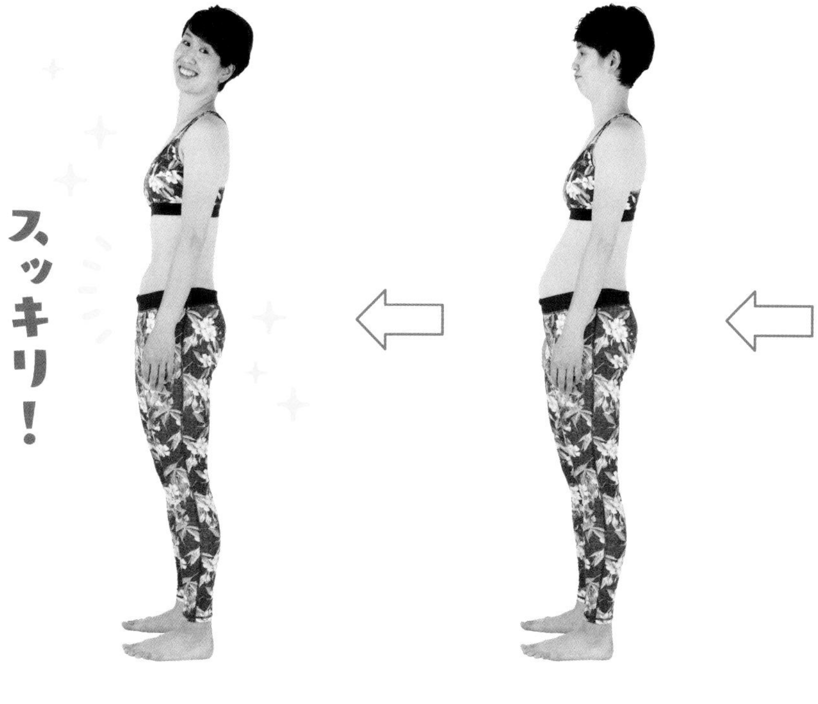

スッキリ人めざして、
レッツゴー！

第 1 章

つまんでゆらす

# つまぷるで即効やせ!

# 「つまぷる」の基本

まわりにはりついてかたくなったお肉を、
つまんで、ゆらして、伸ばして、少しずつゆるめていきます。

## 1 つまんでゆらす

つまみたい部分の上下からお肉を集め、
5本の指でしっかりつまんで上下にぷるぷる動かす。

# 2 つまんで伸ばす

1 つまみたい部分の
お肉がたるむ方向に
体を曲げ、
上下からお肉を集めて
しっかりつまむ。

2 お肉をつまんだまま、
ゆっくりと反対側に
体を曲げ、
つまんだ部分を伸ばす。

注意!

お肉をつまむとき、
爪を立てたり肌を強くこすったりしないように気をつけて!
肌を傷つけると、肌トラブルの原因になることがあります。

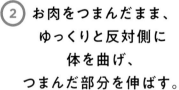

## つまめるお肉は全部つまむ!

つまめるお肉の量には個人差がありますが、しっかり集めて、つまめる分は全部つまみます。

お肉が2段になる場合は、2段分まとめてつまんで!

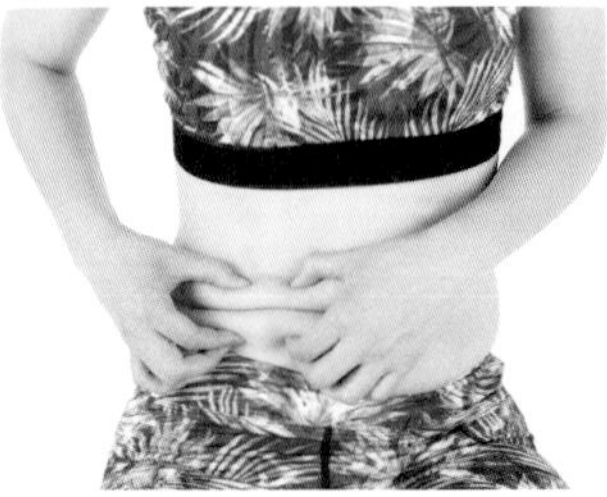

## 脂肪と筋肉の境目まで深くつまむ

お肉の中に指をぐっと押し込み、できるだけ深い部分からつまみます。皮膚の表面に近い脂肪の層と、その下にある筋肉を引きはがすようなつもりで!

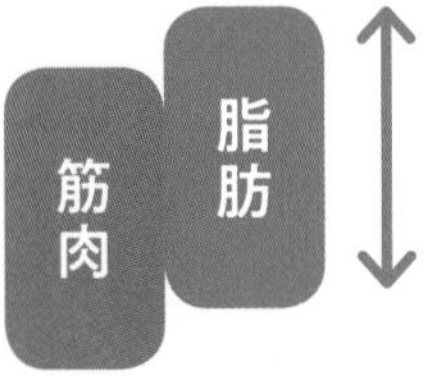


脂肪の層と筋肉のはりつきを、ずらしながらはがすイメージ。

2段のお肉が1段になるくらいぎゅっとつまんで!

NG

つまみ方が浅いと脂肪をゆらしているだけになってしまうため、効果が低くなる!

## 「つまんで伸ばす」ときにお肉が逃げてもいい!

背中を丸め、
できるだけお肉を集めて
つまみます。

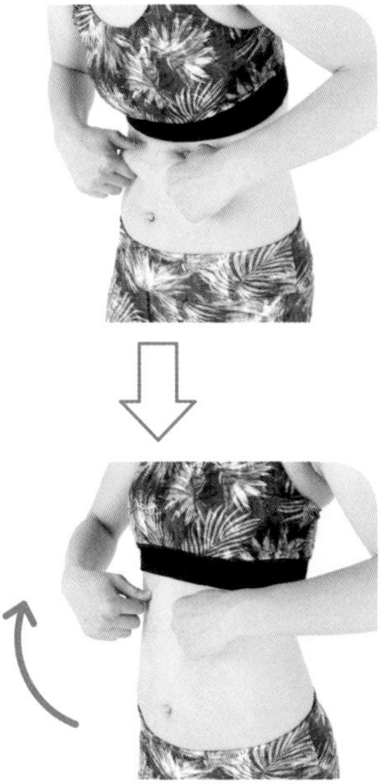

伸ばしたときに指から
お肉が外れてしまってもOK。
筋肉のはりつきがゆるんでくれば、
つまんだまま
体を伸ばせるようになります。

## 「ぷるぷる」と大きく動かす

お肉をしっかりつまんだら、
上下に大きくゆらします。
つまんだのがお腹の上のほうなら、
おへそが引っ張られて動くぐらい
ぷるぷるして!

最初はちょっと痛いけど、
腹筋するよりラクなはず。

# お腹のつまぷる

## お肉をつけたままでも お腹やせはできる

「お腹やせ＝お腹のお肉を落とすこと」と思っていませんか？　でも実は、お肉をつけたままでも「見た目のお腹やせ」はできるんです。お腹ポッコリの原因のひとつが、腹筋が縮んだ状態ではりついてかたまり、お腹を伸ばせなくなっていること。筋肉をほぐして動きやすくすれば、腹筋の働きも復活！「伸び」をしたときのようなスッキリ人の姿勢をキープすることができるようになります。

動画で確認!

CHECK 1

# お腹ポッコリチェック

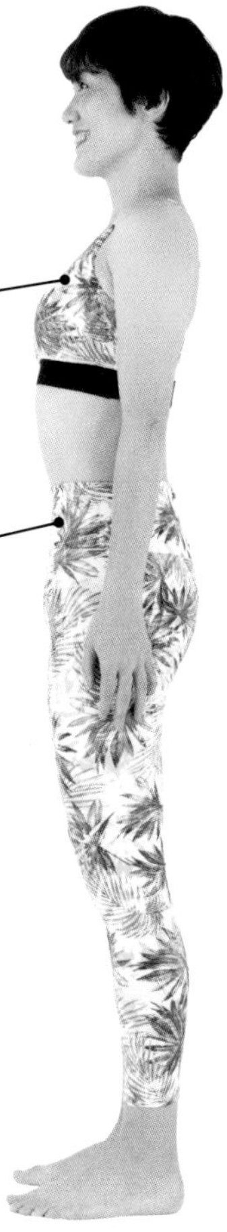

大きな鏡がない場合は、「気をつけ」をしたまま顔を下へ向けて。胸の下に、お腹ではなく足の甲が見えるのが理想。

胸を張りすぎない。

腹筋が縮んでかたまっていると、お腹をスッキリ伸ばせない。

**鏡の前で「気をつけ」をして、真横から体をチェック。**
**胸とお腹は、どちらが前に出ている?**

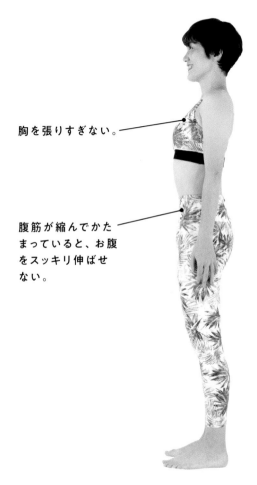

動画で確認！

# おへそより上をほぐす

## エクササイズ

かたくてつまみにくい
ところを重点的に！

① 椅子などに座って軽く背中を丸め、おへそより上のお肉をつまんで上下にゆらす。つまむ位置を変えながら、みぞおち～おへその間をほぐす。

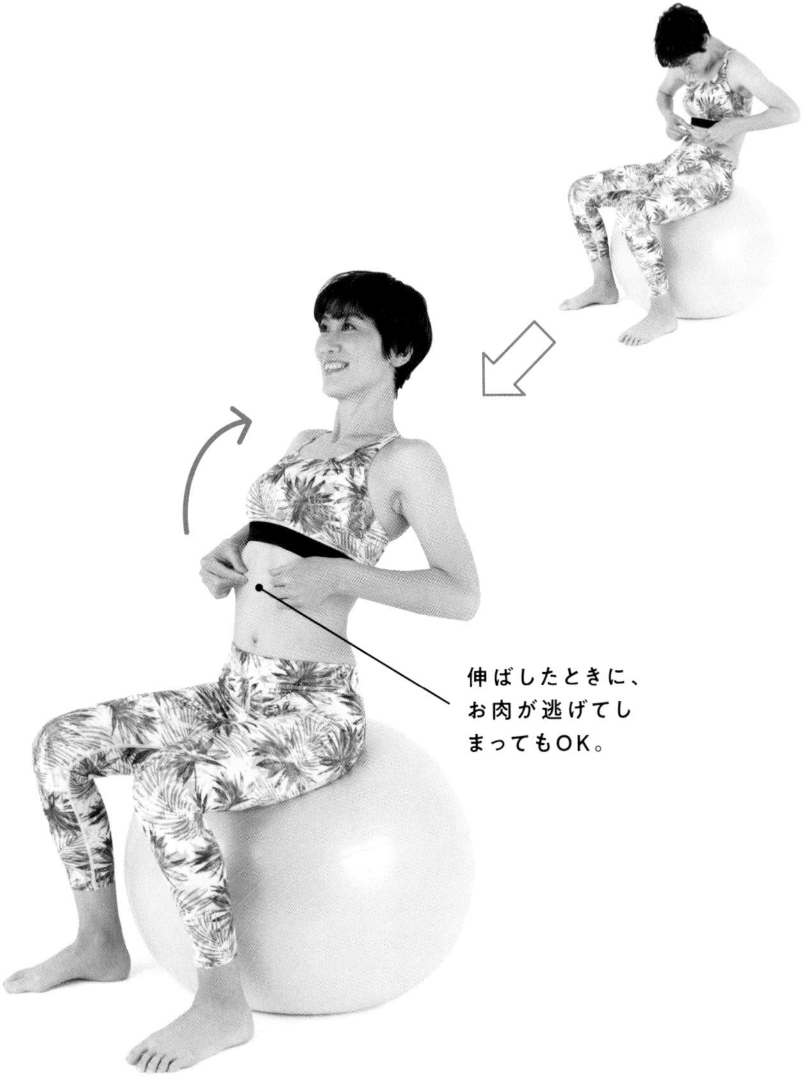
伸ばしたときに、
お肉が逃げてし
まってもOK。

② ①と同様にお肉をつまんだら、息を吸いながら、背中を反らすように体を伸ばす。

動画で確認!

# おへそより下をほぐす

## エクササイズ

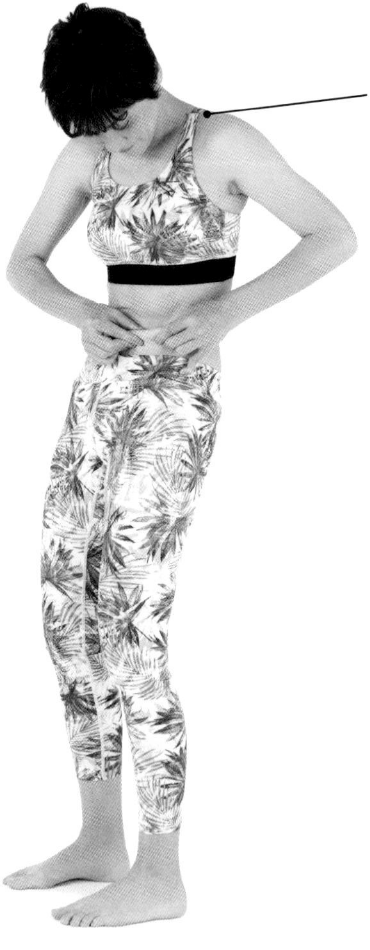


① 立って軽く背中を丸め、おへそより下のお肉をつまんで上下にゆらす。つまむ位置を変えながら、下腹全体をほぐす。

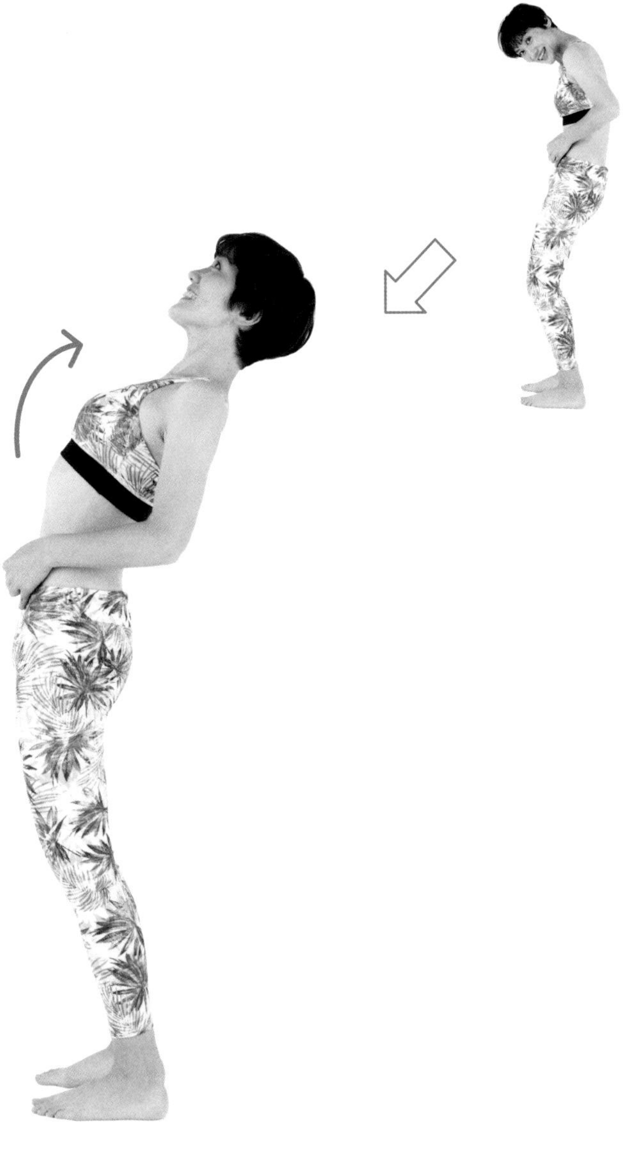

② ①と同様にお肉をつまんだら、息を吸いながら、背中を反らすように体を伸ばす。

伸ばしたい側の
足を1歩後ろへ。

③ 下腹の横のほうを伸ばす。左足を後ろへ引き、体を斜め左へ倒すように背中を丸める。お肉をつまんだら、斜め右へ背中を反らすように体を伸ばす。反対側も同様に。

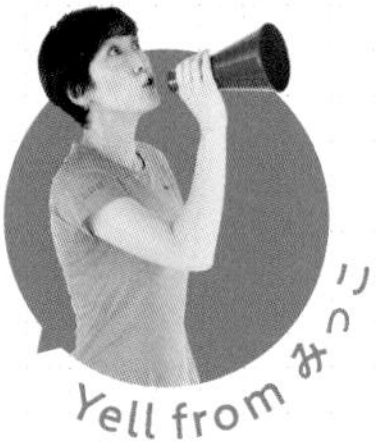
Yell from みっこ

# 腹筋をほぐすと お腹がたいらに

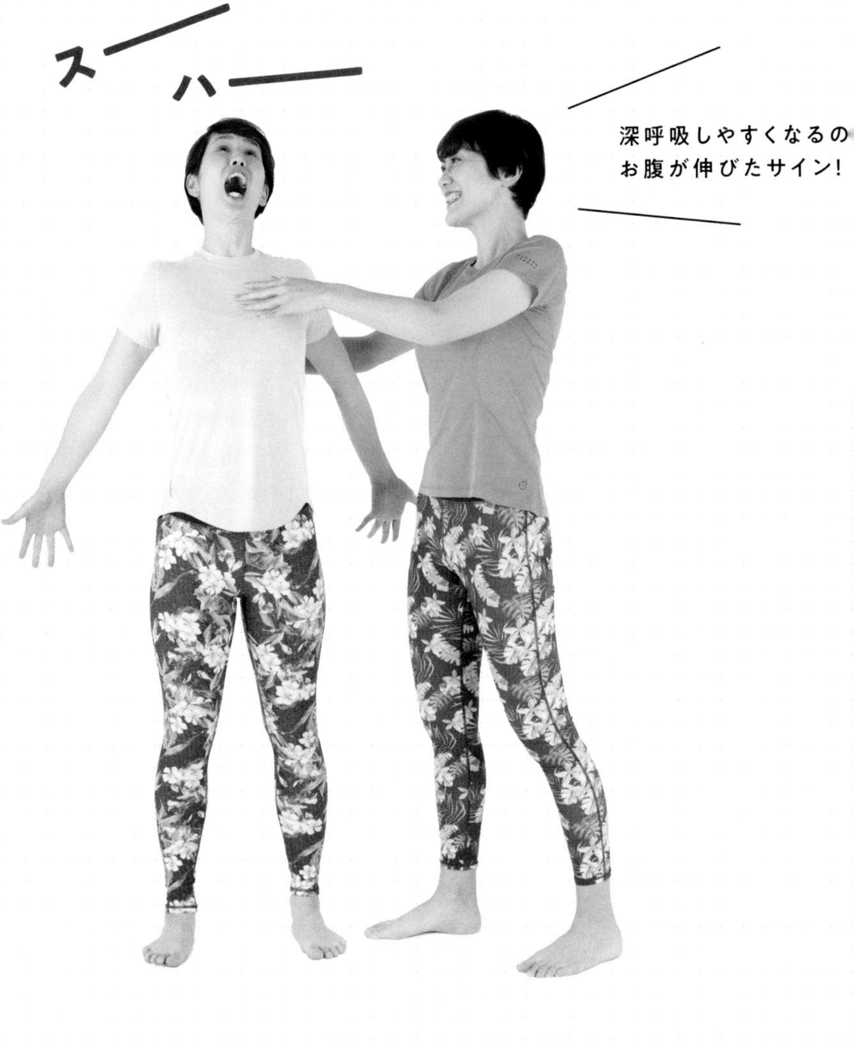
スー
ハー
深呼吸しやすくなるの
お腹が伸びたサイン!

動画で確認!

# 胸を開く

## エクササイズ

① 椅子などに座り、体の後ろで両手を組む。

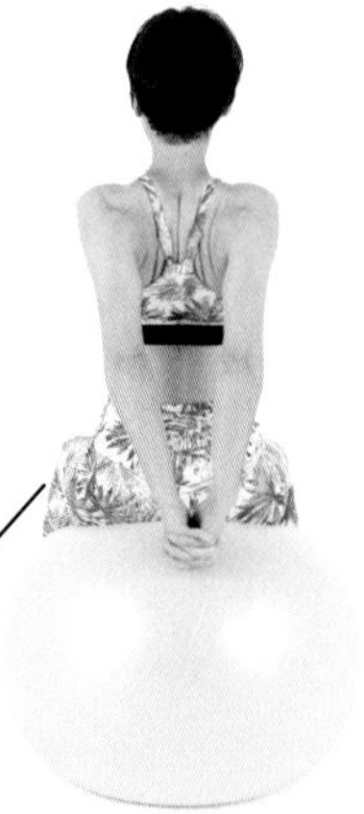

肩甲骨をしっかり
寄せることを意
識して!

② 手を上げながら左右の肘をぐっと近づけ、肩甲骨を真ん中に寄せる。

動画で確認!

# 脇腹を伸ばす

## エクササイズ

① 軽く足を開いて立ち、左腕を上げて、手首を右手でもつ。

腰～小指までのラインを全部伸ばす!

肋骨と骨盤の距離を伸ばすイメージで。

② いったん真上に伸び、体を伸ばしたまま体を右へ倒す。右手で、右斜め上へ引っ張るように。反対側も同様に。

体の両サイドを伸ばしておくと、上にも伸びやすくなる。

③ 足を閉じ、両手を組み合わせて、お腹を引っ込めながら体を真上に伸ばす。

ポッコリお腹が
引っ込んで、
スッキリ人に！

お腹を伸ばした状態をキープ！

④ 体を真上に伸ばした状態のまま、ゆっくりと両腕を下ろす。

**トイレ**行ったら
つまぷる！
**テレビ**見ながら
つまぷる！
**レンチン**しながら
つまぷる！

ちょいちょい
ほぐして
伸ばしていれば
**つらい筋トレの**
**必要なし！**

# 腰のつまぷる

## かたまった腰をほぐせば下腹の筋肉も動き出す

ポッコリしている部分をシュッとさせるには、「動かせる筋肉」が必要。でも、お腹やせの中でとくに手ごわい下腹は、必死で力んでもボヨヨ〜ンとたるんだまま、という人が珍しくないんです。その理由は、「腰」。腰の筋肉がカッチカチになっていると、下腹の筋肉まで動きにくくなってしまいます。まずは腰をほぐして、「動かせる下腹」をつくることから始めましょう。

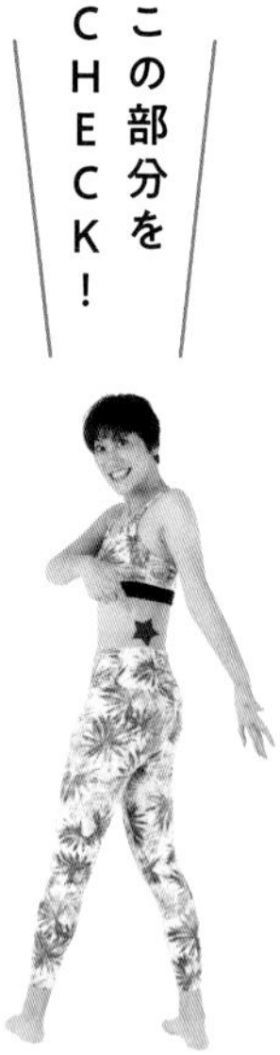

動画で確認!

CHECK 1

# 下腹呼吸

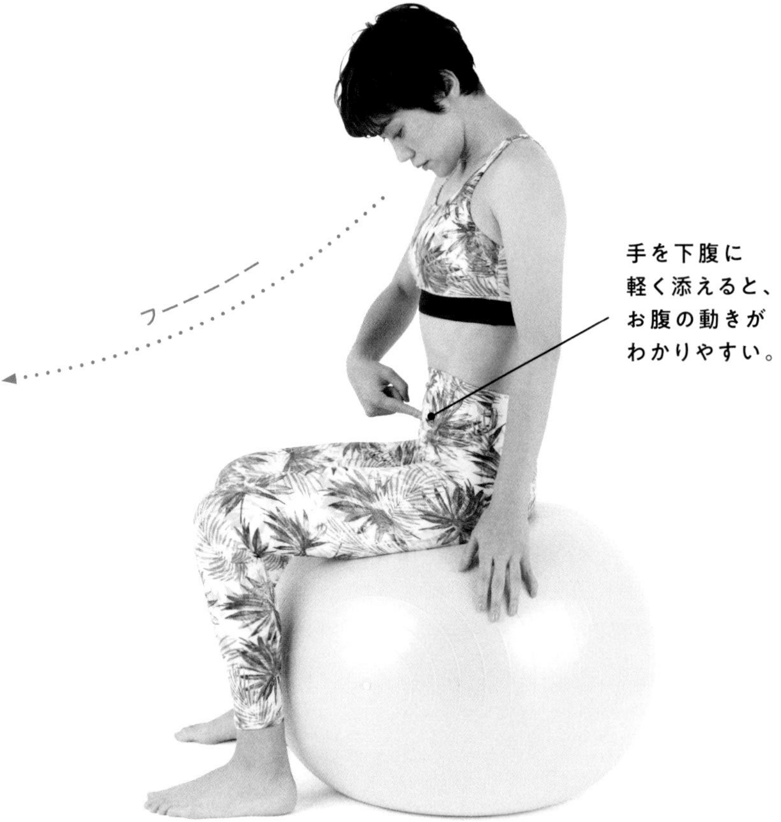
フーーーー
手を下腹に
軽く添えると、
お腹の動きが
わかりやすい。

**椅子などに座り、息を吸ってお腹をふくらませる。
その後、下腹を引っ込めながらゆっくりと息を吐き、
下腹が動いているかどうかを確認。**

動画で確認!

CHECK 2

# コロコロだるま

ひざを立てて床に座り、両腕は伸ばしてまっすぐ前へ。
背中を丸めて後ろに倒れ、元の姿勢に戻る。

腰がかたかったり、
お腹の力が弱かったりすると……

動画で確認!

# 腰をゆるめる

## エクササイズ

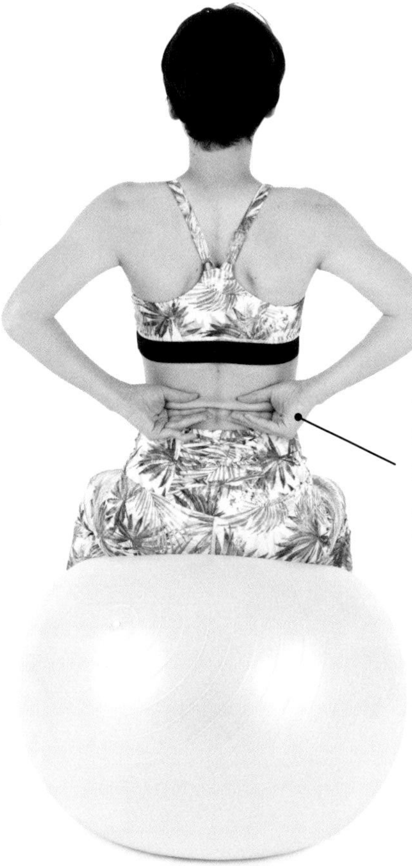

つまめないところは、
手のひらを押し当て、
皮を上下にずらすように
上下に動かしてから
つまんでみて!

① 体を反らして腰のお肉を
上下から集めてつまみ、上下に動かす。

体を前に倒すのではなく、
「パンツを天井に
向けるつもりで」
背中を丸める。

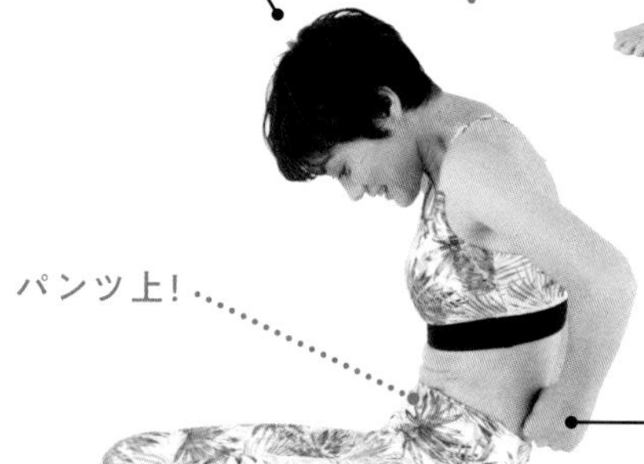

パンツ上!

つまんだお肉が
指から外れて
しまってもOK。

② 体を反らして腰のお肉をつまみ、おへそを
後ろへ押し出すつもりで背中を丸める。

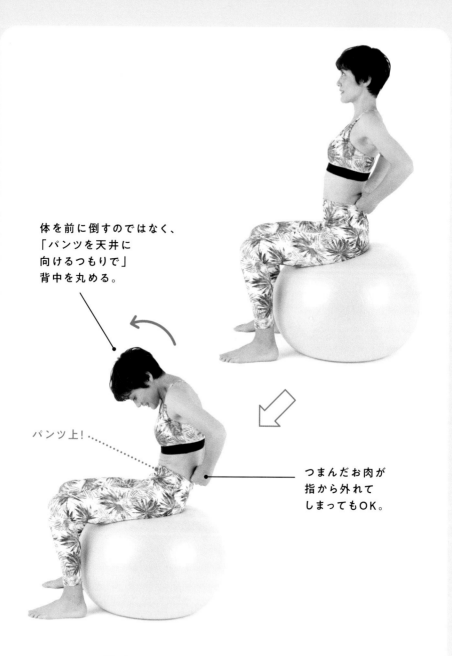

# 背中を丸めるときは「パンツ上」!

「パンツ上」とは?

左右の腰骨を結んだ線より下、「パンツ」をイメージした逆三角形の部分を天井に向けるつもりでグッ! と上げる動き。

パンツ上!

背中が丸くなる!

パンツ下……

背中は伸びたまま。

斜めに体を倒すときも、
「パンツ上」。

③ 手を左へずらしてお肉をつまみ、背中を丸めながら体を斜め右へ倒す。反対側も同様に。

＼ハイ!／

へこませたときに
お腹がかたくなれば、
下腹を動かす筋肉が
目覚めた証拠!

④ 息を吸ってお腹をふくらませ、
下腹を引っ込めながらゆっくりと息を吐く。
下腹が動く感覚を確認する。

つまむ**お肉**は

**ショベルカー**に

なったつもりで

# まわり中から
# ガバッと
# 寄せ集める！

# お腹～胸のつまぷる

## 「ひねれる体」はやせやすい体

ポッコリ人に共通しているのが、お腹まわりがほとんど動かないということです。やわらかい体なら、歩いたり振り向いたりするときに自然にお腹の筋肉が使われます。でもお腹～胸の筋肉が縮んでかたくなっていると、体をひねるのはひと苦労。「特別なことをしなくてもやせる体」に必要なのは、「がんばらずにひねれる体」です。お腹～胸をほぐして、やせ体質を手に入れましょう。

動画で確認!

CHECK 1

# くるっと壁タッチ

左回り、右回りの
両方でチェック!

**足を開いて壁に背を向けて立ち、くるっと体を回して両手で壁にタッチ。左右両側で行い、どちら側を伸ばすときがやりにくいかをチェック。**

CHECK

2

# 左右に体倒し

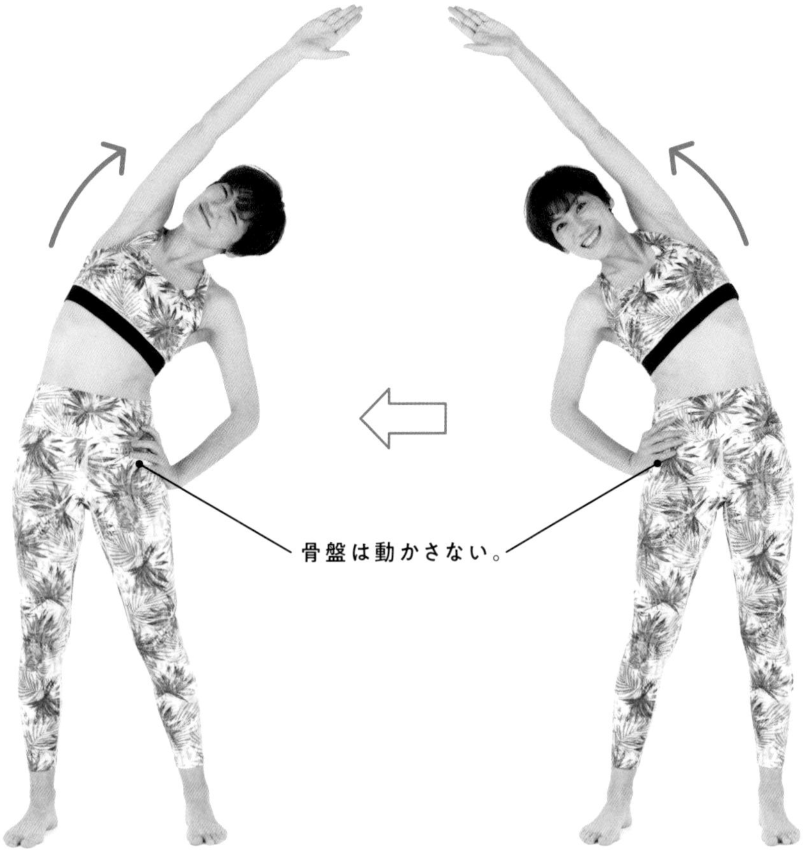


軽く足を開いて立ち、腕を上げて体を横に倒す。
左右両側で行い、どちら側を伸ばすときが
やりにくいかをチェック。

動画で確認!

# 体の横を伸ばす

## エクササイズ

横（上下）につまめない場合は、縦（左右）にお肉をはさむようにつまんでもOK。

**① 脇腹をほぐす。CHECK1、2でやりにくかった側（写真では左）からスタート。軽く体を倒して脇腹のお肉をつまみ、上下にゆらす。**

② ①と同様にお肉をつまんだら、体を反対側に倒す。

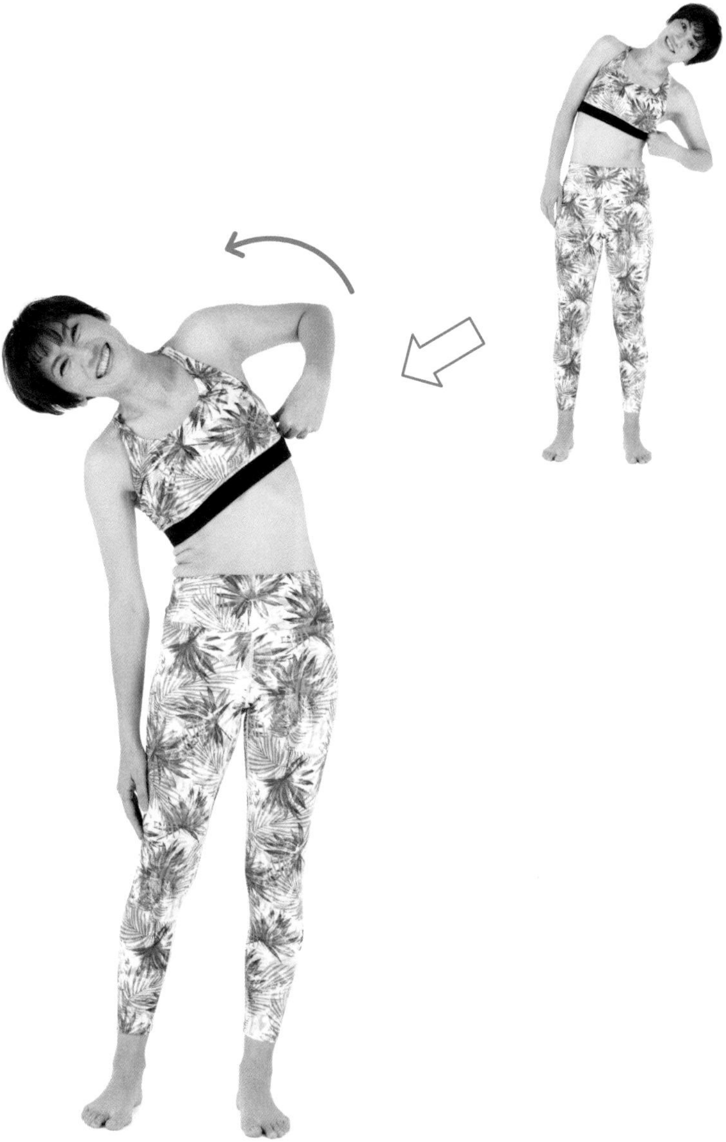

③ 脇腹から続けて、胸の横をほぐす。体を軽く左へ倒し、胸の横のお肉をつまんでから体を右へ倒す。

④ 脇をほぐす。体を軽く左へ倒し、肘を曲げた左腕を肩の高さまで上げる。脇の後ろ寄りのお肉をつまみ、体を右へ倒しながら腕を伸ばす。①～④を続けて、反対側も同様に。

Yell from みっこ

# 脇をほぐすと
# 二の腕までスッキリ

痛い痛い痛い!
ちょっと痛いけどね

**脇をほぐすと胸の横～二の腕まで筋肉が動くように。**
**気になる「振り袖」が消え、**
**ブラの上にのっかった「ポニョ」もいなくなる!**

動画で確認！

# 胸を伸ばす
## エクササイズ

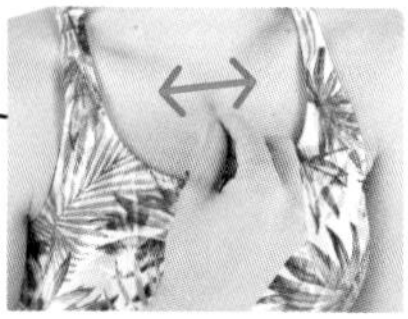

つまみにくい部分なので、縦（左右から）につまんで左右にゆらして！

**①** 胸の真ん中をほぐす。軽く肩を丸め、胸骨（胸の中央の骨）の上あたりをつまんでゆらす。胸骨に沿って、つまむ位置を変えながらほぐす。

胸～肩へつながる大きな筋肉をほぐしていく。

② 胸の中央から肩へ、つまむ位置を変えながらほぐしていく。反対側も同様に。

③ 鎖骨のまわりをほぐす。鎖骨にそってつまむ位置を変えながらほぐしていく。反対側も同様に。

④ ①～③を、さらにほぐす。軽く肩を丸めてお肉をつまみ、肩を後ろに引いて伸ばす。つまむ位置を変えながら、胸～肩をしっかりほぐす。

動画で確認!

# 胸～お腹の
## エクササイズ

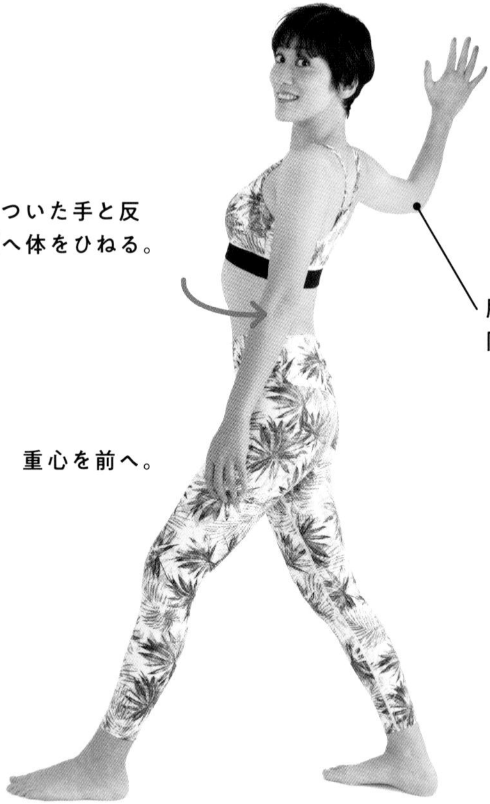

壁についた手と反対側へ体をひねる。
肘を曲げ、肩と肘を同じぐらいの高さに。
重心を前へ。


① 壁の前に横向きに立つ。右足を引き、右腕は肘が肩の高さに来るように曲げて壁に手をつく。左足に体重をかけながら、できるところまで体を左へひねって深呼吸。

Yell from みっこ

# 胸に空気を入れて
# ストレッチ効果アップ

まだまだ吸える~

**深呼吸するときに胸がふくらむことで、
胸のまわりがしっかり伸びる。**

②

①の姿勢のまま、肘を伸ばして高い位置に手をつく。左足に体重をかけながら、できるところまで体を左へひねって深呼吸。①〜②を続けて、反対側も同様に。

最初より、
やりやすくなって
いるはず!

お腹を引っ込めて
くるっと回る。

③ CHECK1と同様に壁の前に立ち、くるっと体を回して両手で壁にタッチ。左右交互に10回（左、右を各5回）。

# しっかり伸びれば

# やせていく!

胸〜お腹が

歩くだけで
お腹がねじれて

COLUMN 1

# おやつには、甘いものより残りもの

「つまぷる」やストレッチでスッキリ人に変身すると、もっとスッキリしたくなるもの。そのせいか、食事にも気を配るようになる人が少なくありません。

**ポッコリ人化の原因のひとつは、タンパク質不足です。**食事からとるタンパク質が足りていないから、おやつがほしくなる。そして多くの人が、あたりまえのように、おやつに甘いものを食べてしまうんです。とりすぎた糖質は、体内で脂肪に変わるし、空腹時に糖質をとって血糖値を急上昇させることも肥満の原因になるのに……。食べ方の基本は、食事でしっかりタンパク質をとること。おやつもタンパク質食材に切りかえましょう。

小腹がすいたらチョコレート？　それは、ポッコリ人の習慣です。スッキリ人なら、タンパク質がとれるゆで卵やヨーグルト、チーズ……なんなら、冷蔵庫に入れておいた昨日の残りの焼肉だっていいんです！

スッキリ人のおやつは
タンパク質食材！

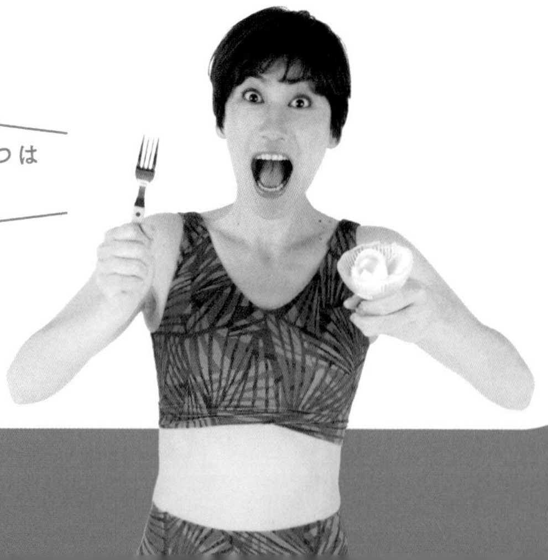

# 第2章

じわっとほぐす

# タオルリリースで
# やせ体質に

カチカチ筋肉よ、動け！

# お腹～腰・おしりまわりの タオルリリース

## 動きにくくなった筋肉を「使える筋肉」に

筋肉がはりついてかたく縮んだ状態は、伸縮性がないボディスーツを着ているのと同じこと。力まかせに伸ばそうとしても、うまくいきません。動かない筋肉は、あまり使われなくなります。筋肉が使われなければエネルギーも消費されず、脂肪ばかりが上乗せされていく……。こんな悲しい未来を変えたいなら、筋肉をほぐすこと！　とり戻したいのは、しっかり動く「使える筋肉」です。

この部分をCHECK！

動画で確認!

CHECK 1

# ひざ倒し

左右どちらが倒しにくいか、伸びにくさを感じるのはどの部分か、などをチェック。

肩は床につけておく。

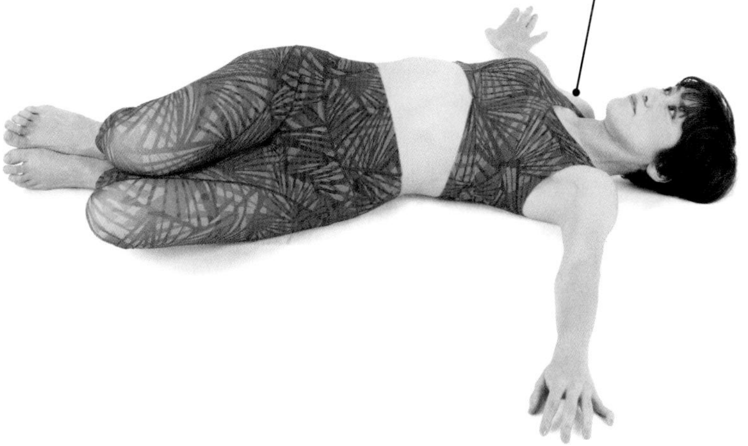

**仰向けに寝てひざを立て、両腕は横に広げる。ひざをそろえたまま、肩が浮かないところまで足を左右に倒す。**

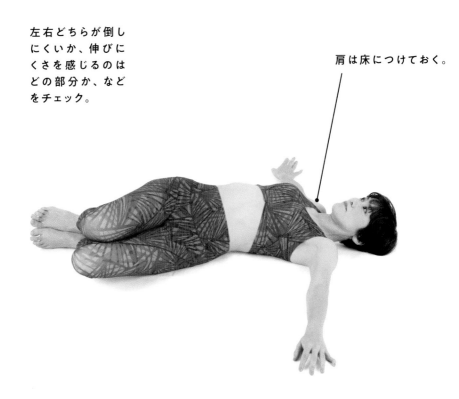

CHECK

# 2

## ひざ抱え

伸びにくさを感じるのはどの部分か、左右の感覚の違いなどをチェック。

仰向けに寝てひざを曲げ、左足のくるぶしを右ひざの
上にのせる。左足の間から左腕を入れ、
右ひざを抱えて胸に引き寄せる。
反対側も同様に。

動画で確認!

# 脇腹～腰をほぐす

## エクササイズ

①

脇腹をほぐす。仰向けに寝てひざを立て、ひざをそろえたままCHECK1、2で伸ばしにくさを感じた側を伸ばすように足を倒し、脇腹のお肉をつまんでゆらす。反対側も同様に。

② タオルを2回結ぶ。

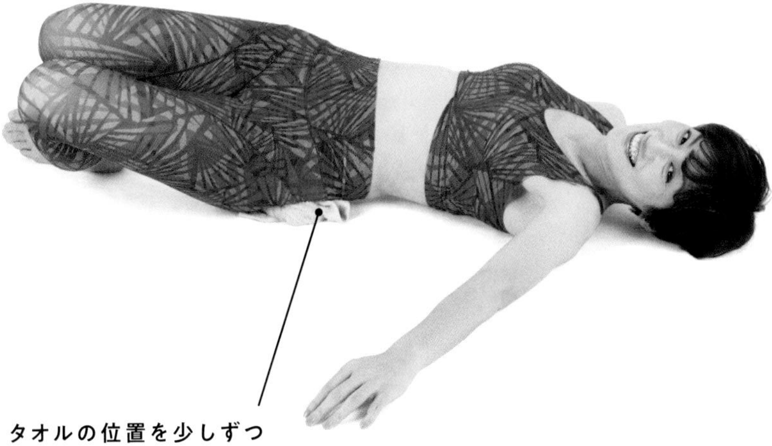
「痛気持ちいい」と感じる
ぐらいまで体重をのせる。
タオルの位置を少しずつ
変えていく。

**3** ②のタオルをCHECK1、2で伸ばしにくかった側のおしりの下（写真では左）に入れ、タオルにのるように、ひざを倒す。

腰骨の出っぱりのすぐ
下にタオルを当てて!

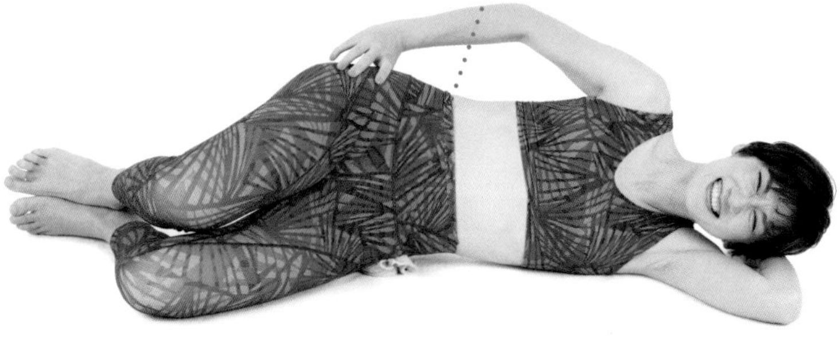

④ 腰骨のすぐ下にタオルを当て、③と同様に伸ばす。かたくなっていることが多い部分なので、タオルの結び目がしっかり当たるようにする。

# タオルの向きで痛さが変わる！

タオルの結び目が
出っ張った部分を当てると、
グサッと刺さって痛い！

△※★□◎!!!!

片方だけなら
ちょっとラク……

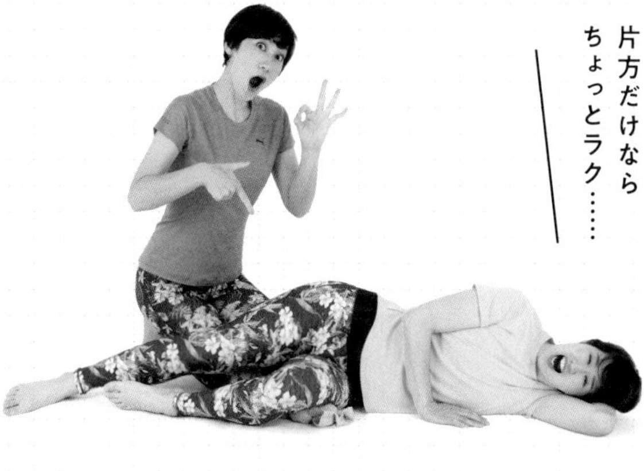

**最初は、ややたいらな面を上にして、足を片方だけ**
**のせるところから始めるのがおすすめ。**

⑤ タオルの位置をずらしながら、③～④と同様に太ももの横を伸ばす。③～⑤を続けて、反対側も同様に。

最初よりラクに倒せる！

⑥ CHECK1と同様に、仰向けに寝てひざを立て、ひざをそろえたまま足を左右に倒す。最初よりやりやすくなっていることを確認する。

おしり～太ももの裏が伸ばしやすい！

⑦ CHECK2と同様に、仰向けに寝てひざを曲げ、左足のくるぶしを右ひざの上にのせる。左足の間から左腕を入れ、右ひざを抱えて胸に引き寄せる。最初よりやりやすくなっていることを確認し、しばらくキープ。反対側も同様に。

# 「ひざ抱え」がつらいなら……

ひざなどに痛みがある人は、アレンジを!

ひざではなく、太ももの裏をもつ。

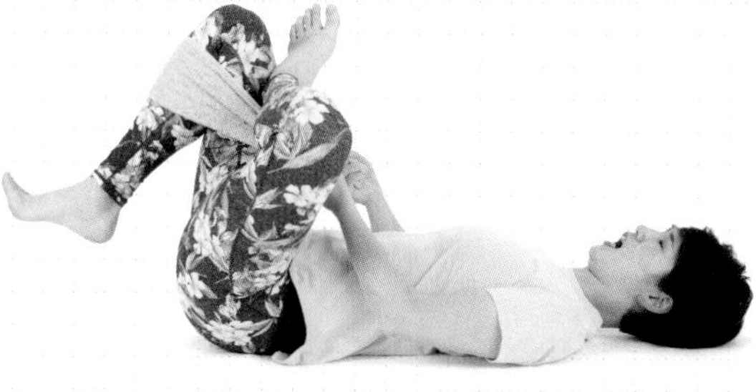

ひざにかけたタオルをもつ。

無理なくできる方法で!

# おしり〜股関節のタオルリリース

## 股関節をほぐせば お腹の筋肉も動き出す

お腹〜腰まわりの筋肉がかたまっている場合、骨盤と足をつなぐ股関節もかたくなっていることがほとんどです。股関節が動きにくいと周辺の筋肉がますます使われにくくなるだけでなく、反り腰や猫背の原因にも。脂肪がたまり、姿勢もくずれて「ポッコリ人」へまっしぐら! なんてことにならないように、おしりまわり〜股関節も、しっかりストレッチしておきましょう。

動画で確認!

CHECK 1

# 足回し

ボキボキ鳴るのは、
筋肉がかたまっている証拠!

腰や股関節が痛む
場合は、かかとを床
につけたまま回す。

**仰向けに寝て、右足を上げる。**
**ひざを曲げ、股関節からできるだけ大きく回す。**
**反対側も同様に行い、動かしにくさや痛むところを確認。**

動画で確認!

# おしり〜股関節を伸ばす

## エクササイズ

ひざを伸ばすと痛い人は、大きめのタオルや長めのひもを使っても。

① 仰向けに寝て、右足を曲げて指の付け根にタオルを引っかける。痛くないところまでひざを伸ばす。

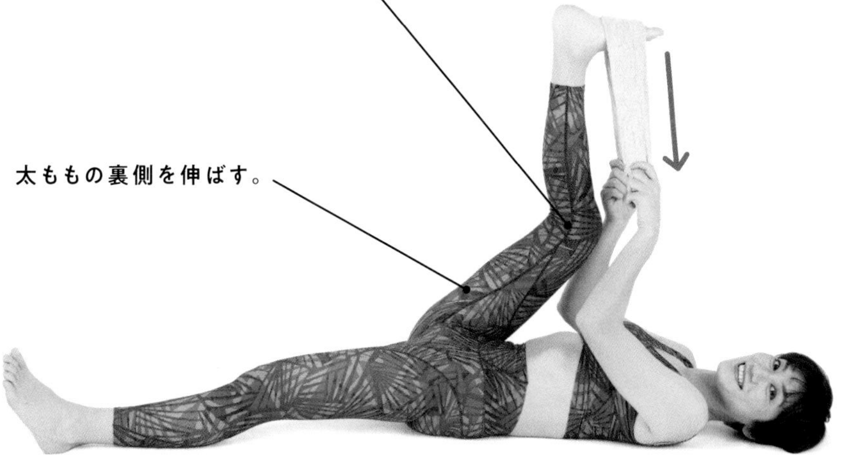
ひざは軽く曲がってもよい。
太ももの裏側を伸ばす。

② 股関節や足首の力を抜き、息を吐きながらタオルを引いて、太ももを胸に引き寄せる。

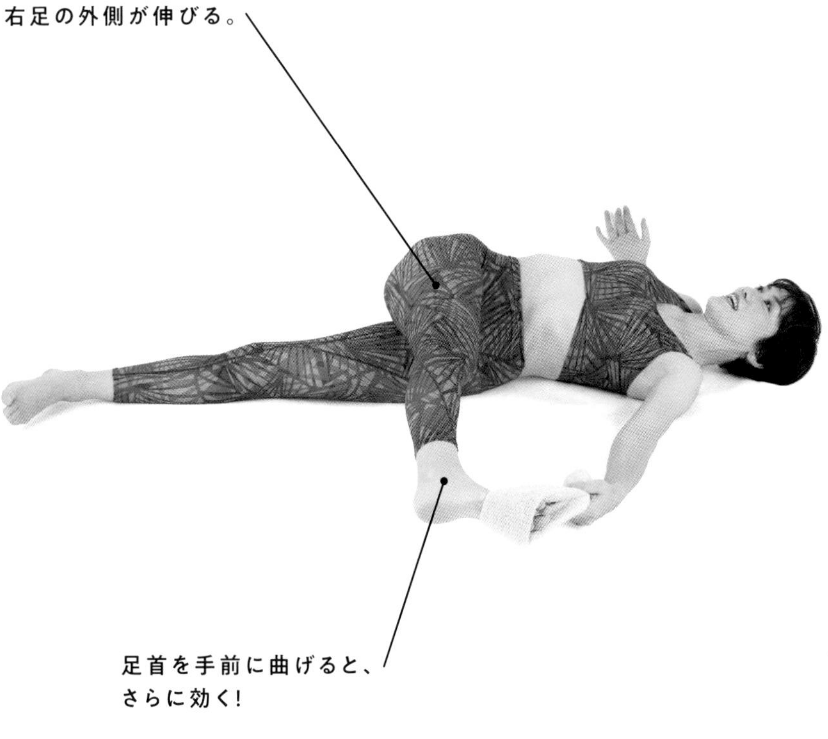
右足の外側が伸びる。
足首を手前に曲げると、
さらに効く!

③ 左手でタオルをもち、足をゆっくりと左側へ倒す。できるだけひざを伸ばして、深呼吸。

④ タオルを右手にもちかえ、足をゆっくりと右側へ倒す。できるだけひざを伸ばして、深呼吸。①～④を続けて、反対側も同様に。

⑤ CHECK1と同様に、仰向けに寝て右足を股関節からできるだけ大きく回す。反対側も行い、それぞれ最初よりやりやすくなっていることを確認。

股関節～おしりが伸びていると、伸びをしたときお腹が引っ込みやすくなる!

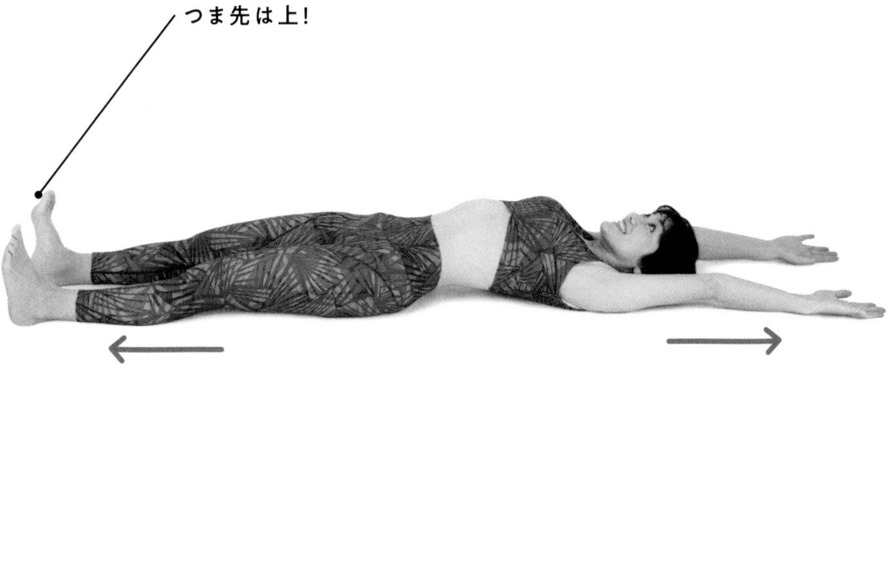


⑥ 仰向けに寝て両足を伸ばし、両手を頭の上に伸ばす。上下に伸び、脱力する動きを数回くり返す。

# ストレッチするとき筋肉とは闘わない！

リラックスして
力を抜き……
筋肉が
油断したところで
**じんわり伸ばす！**

COLUMN 2

# 「できない自分」に かけてあげたい魔法の言葉

毎日「つまぷる」するぞ！　絶対にスッキリ人になる！　かたく決心したはずなのに、サボっちゃったり食べ過ぎたり……。もっとがんばればよかった、なんて自分を責めてしまうことってありますよね。そんなときに効く、魔法の言葉があります。

それは……**「やろうと思っただけでマル」**。

ダイエットを成功させたいなら、「行動すること」が必要です。行動を起こす原動力は、「意識すること」。まずは「やせよう！」と思うことが大切なんです。だから、たとえ行動に移せなくても、「やせよう」と思えただけで合格。自分を責めるのはやめて、「やろうと思っただけでマル！」とつぶやいてみてください。

魔法の言葉を口に出すと、少し心が軽くなります。心が軽くなれば、行動できる。そして行動すれば、体も軽くなる！　思っただけでマルなんてつけられない？　そんな厳しいことは言わないで。できることからやれば、大丈夫。変わろうとチャレンジする自分を、やさしく認めてあげてください。

やる気があるだけで
えらいんです！

# 第3章

## 無理なく伸ばす
# ストレッチで姿勢をシュッ！

# ストレッチの基本

「つまぷる」や「タオルリリース」で筋肉をゆるめたら、
コツを押さえたストレッチで全身を伸ばしましょう。

## コツ①
### がんばらない・力まない

筋肉をぷるぷるさせながら
姿勢をキープするのは
やめましょう。
力むと筋肉がかたくなるため、
ストレッチの効果が低下します。

## コツ②
### 伸ばす部分を意識する

おしりを伸ばしているはずなのに
腰が痛い……？
ストレッチ中は
「伸ばすべきところはどこか」を
常に意識しましょう。

無理なくできるところまで
伸ばすことから始めましょう！

## コツ③
### 息を吐きながらリラックス

筋肉は、息を吐いたときにゆるみます。
正しいポーズをとって
ゆっくり息を吐けば、
体の重みで
自然に筋肉が伸びていきます。

## コツ④
### 伸ばす時間は深呼吸5回が目安

十分に筋肉が伸びたら、
「深呼吸を5回」を目安に
姿勢をキープします。
体の力を抜いたまま筋肉が
ゆるんでいくのを待ちましょう。

右ページの
コツ①～④に
注意しながら
正しいポーズをとり、
体の力を抜く。

ゆっくりと息を吐くと、
体の重みで自然に
筋肉が伸びていく。

# 反り腰改善ストレッチ

## 腰を反らせばお腹もポッコリ

反り腰の原因は、腰ではなく股関節にあります。股関節がかたいと骨盤が前に倒れ、傾いた上半身を起こそうと腰を反らしてしまいます。腰を反らせば、当然お腹もポッコリ！　反り腰の姿勢を続けていると太ももの前側の筋肉も縮み、さらに骨盤が倒れやすくなってしまいます。スッキリ人への進化に必要なのは、股関節〜太ももの前側をしっかりほぐしていくことです。

この部分をCHECK!

動画で確認!

CHECK

# 1

# 腰のすき間チェック

グーが入っちゃう～

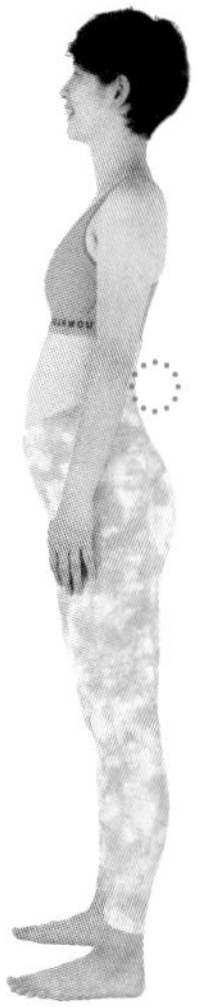

手のひら1枚分より
すき間が広い場合
は、反り腰。

壁と腰のすき間が
手のひら1枚分以
下ならOK。

**かかと、おしり、頭を壁にしっかりつけて立ち、**
**腰の後ろに手を入れる。**

動画で確認!

CHECK 2

# ひざ抱え

股関節がかたく、
反り腰になりやす
い人は、伸ばした
足も上がりやすい。

仰向けに寝て、右足を曲げてひざを抱え、
胸に引き寄せる。
左足のひざも上がってくるかどうかをチェック。
反対側も同様に。

動画で確認!

CHECK 3

# 腰つまみ

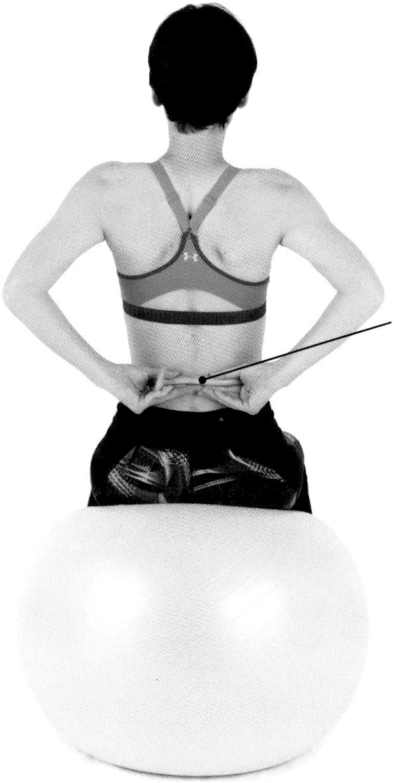

普段から腰を反らして力を入れている人は、腰のお肉がかたくなりがち。

**椅子などに座り、腰をまっすぐに伸ばした状態で腰のお肉がつまめるかどうかをチェック。**

動画で確認!

# 股関節を伸ばす
## エクササイズ

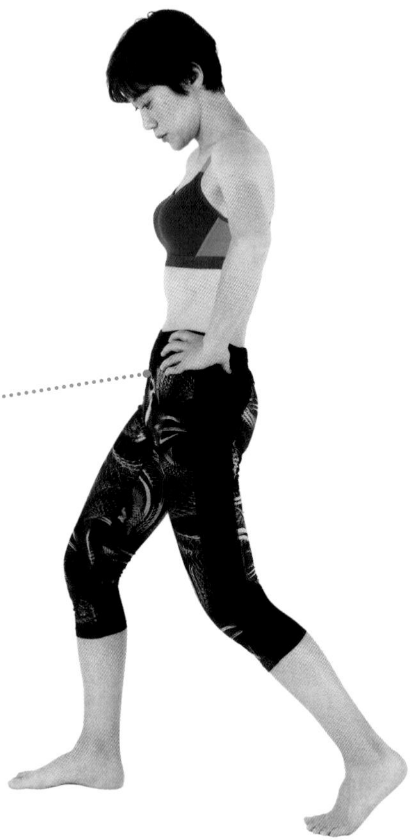
パンツ上!
かかとは上がってよい。

片方の足を1歩後ろに引いて立ち、骨盤を起こして「パンツ上」に。足の付け根を伸ばした状態でゆっくり深呼吸。反対側も同様に。

# 股関節を伸ばすときはパンツの向きが肝心

骨盤を起こすと……

## パンツ上！

足の付け根が伸びる。

足を後ろへ引いただけだと……

## パンツ下！

足の付け根が伸びていない。

深く息を吸って
ゆっくり吐くと、
しっかりストレッチ
できまフ〜ッ！

# 太ももの前側を伸ばす

## エクササイズ

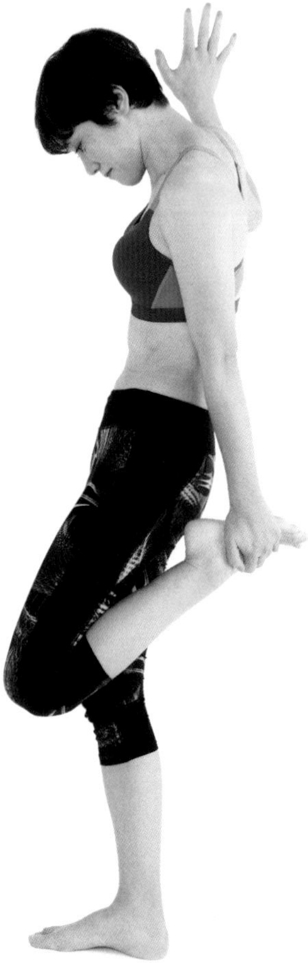

① 壁の前に横向きに立ち、右手を壁について体を支える。背中を軽く丸め、左足を曲げて前へ上げ、左手で足をもつ。

余裕がある人は、
かかとをおしりに
つける!

パンツ上!
ももの前側が伸びる
感覚があればOK。

② 骨盤を起こして「パンツ上」に。背中を丸めたまま、
左足を引けるところまで後ろへ引く。反対側も同様に。

動画で確認!

# 腰をほぐす
## エクササイズ

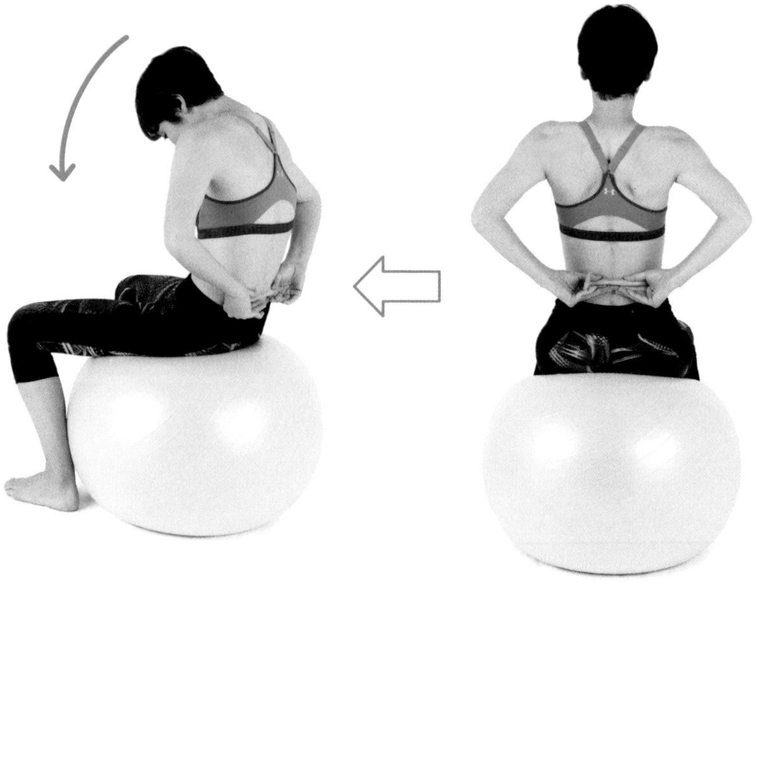

椅子などに座って軽く背中を反らし、腰のお肉をつまんで上下にゆらす。その後、体を反らして腰のお肉をつまみ、背中を丸めて腰を伸ばす。

# お肉をつまむことをあきらめないで

お肉がつまみにくい人は……

①つまみたい部分に手を当てて温める。

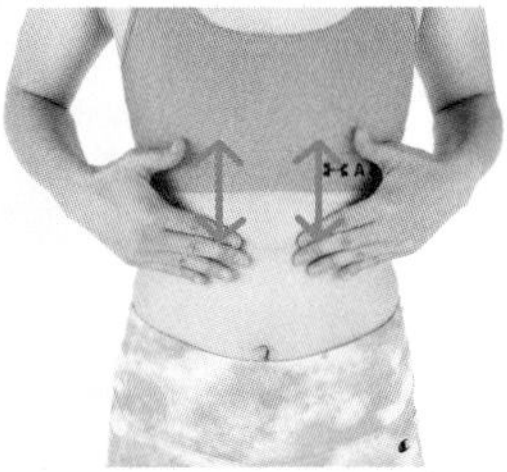

⇩

②当てた手を上下に動かし、まずは皮だけずらす。

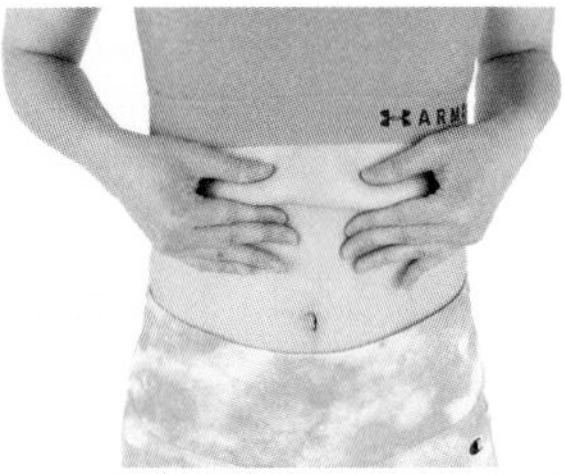

⇩

③皮が動くようになったら、お肉を集めてつまむ。

少しずつでも動かしていくと、
つまめるようになります!
がんばろう!

動画で確認!

# 反り腰をその場でなおす立ち方

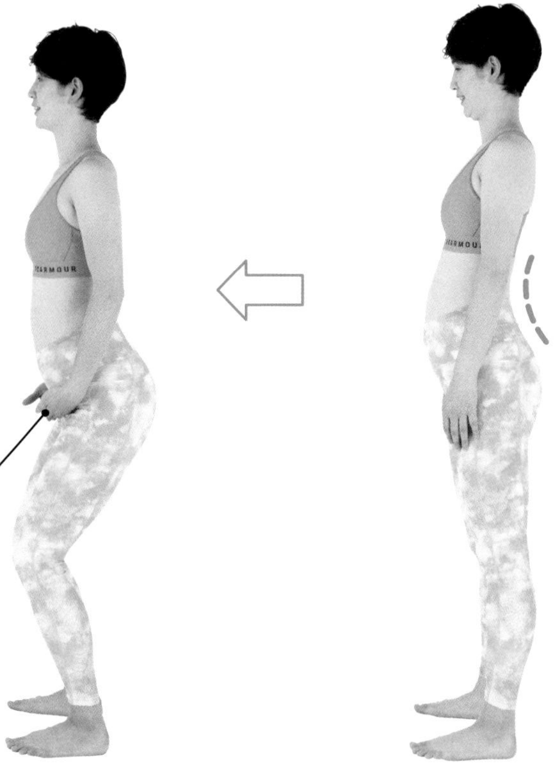

股関節に手を当てるとわかりやすい。

① 反り腰になっている、いつもの立ち方。

② ひざと股関節を軽く曲げる。

正しく立ったときの感覚を覚えておいて!

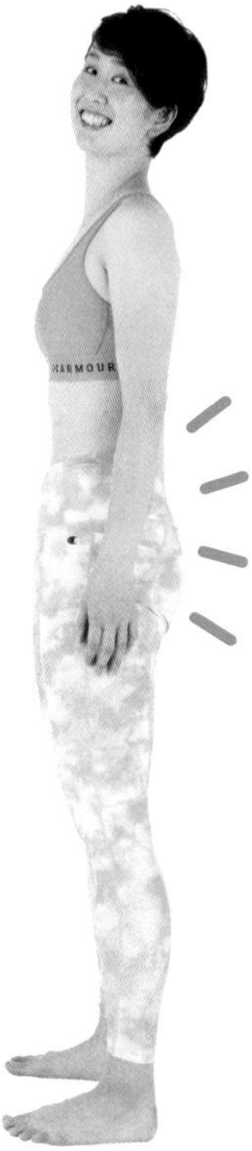

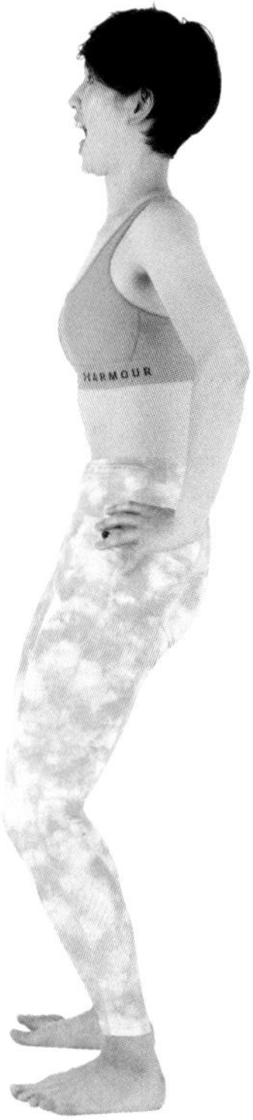

③ お腹を引っ込めて、できるだけ「パンツ上」に。

④ お腹に力を入れて「パンツ上」をキープしたまま、ひざを伸ばす。

# 肩甲骨はがしストレッチ

## 肩甲骨まわりがかたいと　お腹まで縮んでかたくなる

お腹やせに肩甲骨なんて関係あるの？　と思うかもしれませんが、実は大アリ。肩甲骨は、姿勢に大きな影響を与えるパーツなんです。肩甲骨の周囲の筋肉がはりついてかたくなると、肩が動きにくいせいで猫背になりがち。猫背になればお腹も伸びにくくなり、ポッコリ人化が進みます。まずはじっくり、肩甲骨はがしを。肩まわりがやわらかさをとり戻す頃、ウエストのくびれもよみがえるでしょう。

この部分をCHECK！

動画で確認!

CHECK 1

# 腕上げ

上げた肘の下から
前が見えるのが
理想!

**顔の前で両手の小指を合わせ、左右の肘をつける。**
**そのまま、上げられるところまで肘を上へ。**

動画で確認!

CHECK 2

# 横から姿勢チェック

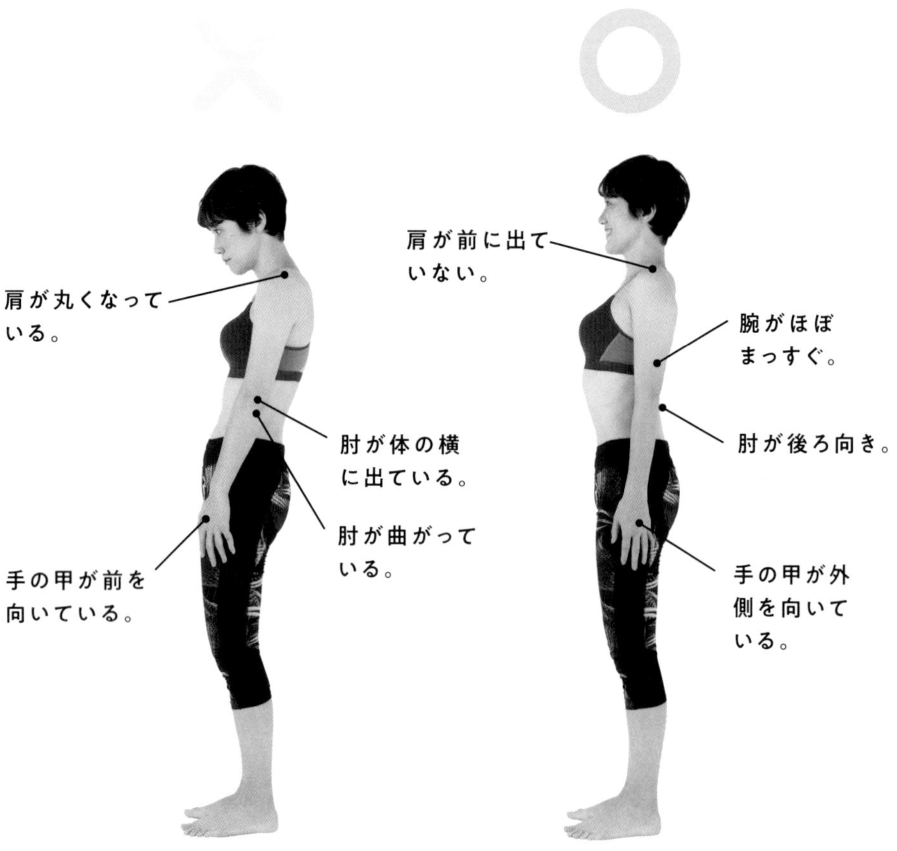
×
○
肩が丸くなっている。
肘が体の横に出ている。
肘が曲がっている。
手の甲が前を向いている。
肩が前に出ていない。
腕がほぼまっすぐ。
肘が後ろ向き。
手の甲が外側を向いている。

鏡の前で自然な姿勢で立ち、真横から体をチェック。

動画で確認!

CHECK 3

# 肩甲骨つかみ

肩甲骨にさわれれば合格ライン。しっかりつかめたら優秀!

**片方の手を背中に回し、手と同じ側の肩甲骨をつかむ。反対側も同様に。**

動画で確認!

# 肩甲骨を動きやすくする

## エクササイズ

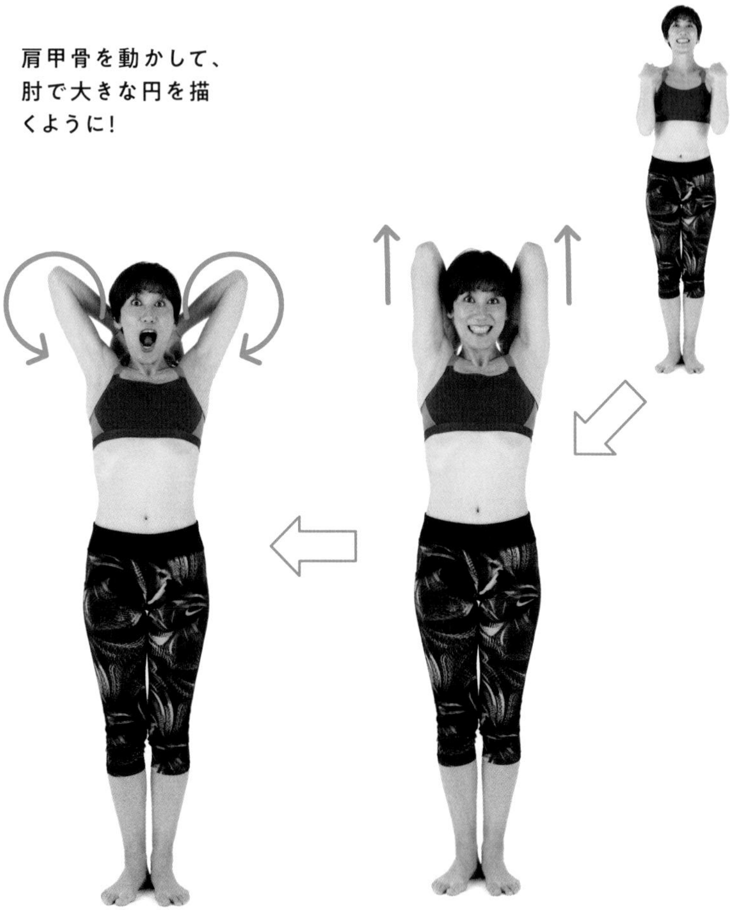
肩甲骨を動かして、
肘で大きな円を描
くように!

1 自然な姿勢で立ち、両手を鎖骨に当てる。両肘を顔の前から頭の上へ。大きく回して、元の姿勢に戻る。

# 肩を回しにくい人はつまぷるで改善

脇のお肉をつまんで回す。

胸のお肉をつまんで回す。

かたまったところをほぐせば、
肩が動きやすくなる!

前から見たとき、
肩幅が狭くなるぐ
らいまで肩甲骨を
寄せる。

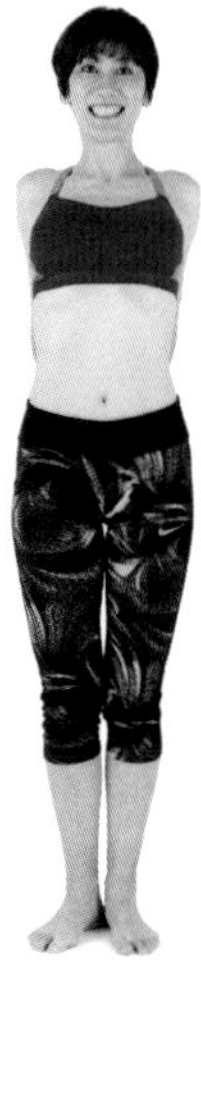

② 体の後ろで両手を組む。胸を伸ばして肩甲骨を真ん中に寄せ、ゆっくりと深呼吸。

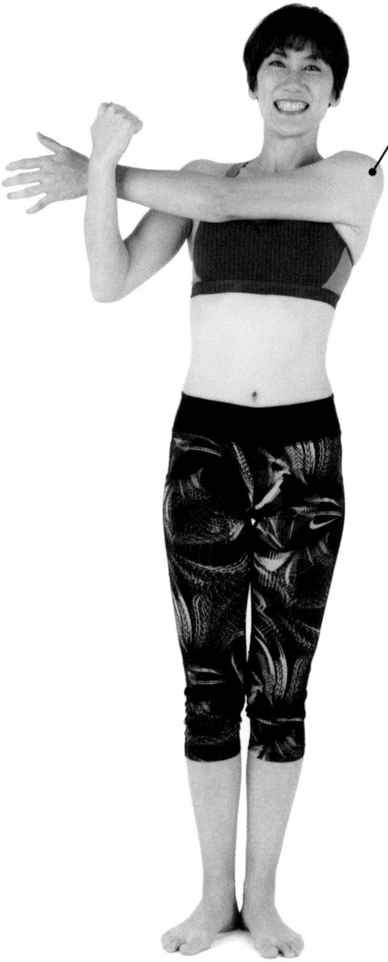
肩が上がらない
ように注意。

③ 左腕を伸ばして前へ。右腕で肘を胸に引き寄せ、肩をしっかり伸ばす。反対側も同様に。

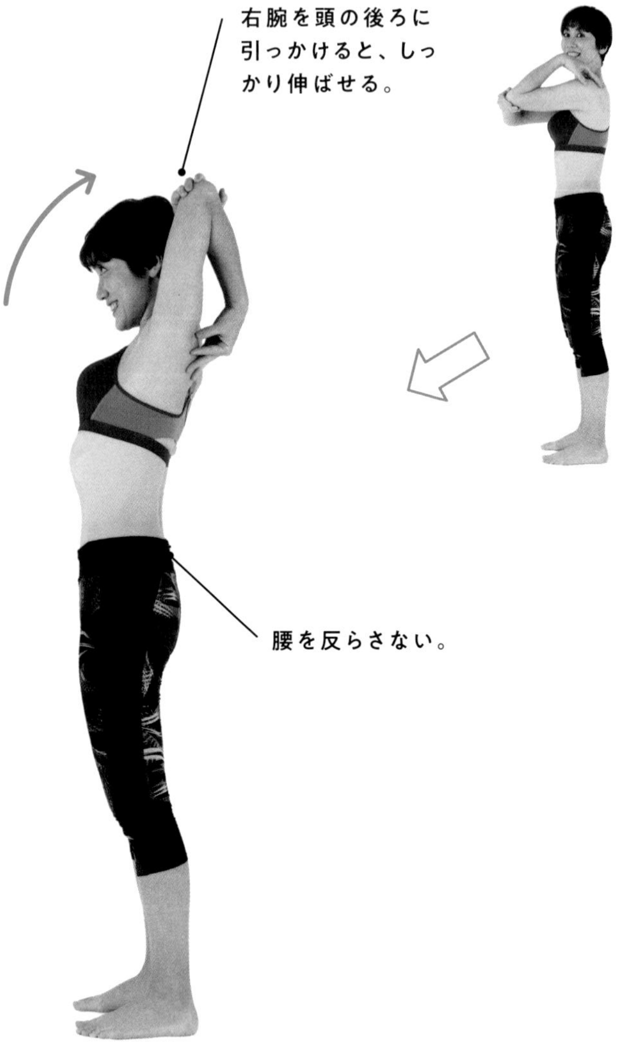
右腕を頭の後ろに
引っかけると、しっ
かり伸ばせる。
腰を反らさない。

④ 左手を左肩に当てる。右手を左肘に当てて頭の後ろまで引っ張り、二の腕を伸ばして深呼吸。反対側も同様に。

肩甲骨を真ん中に
寄せる。

⑤ 親指を中にしてこぶしをつくり、両腕を伸ばして前へ。手首を外側へ振り、軽く勢いをつけて両腕を後ろへ引く。

肩甲骨を寄せながら腕を開く。

⑥ 脇をしめて肘を直角に曲げ、手のひらを上にして両腕を体の前へ。肘を体の横にしっかりつけたまま、腕をできるところまで外側へ開く。

最初よりやりやすく
なっているはず!

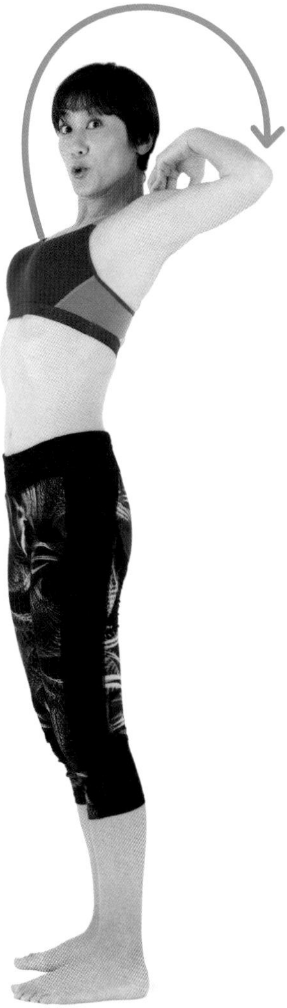

⑦ ①と同様に、両肘を顔の前から上げて大きく回す。

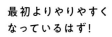

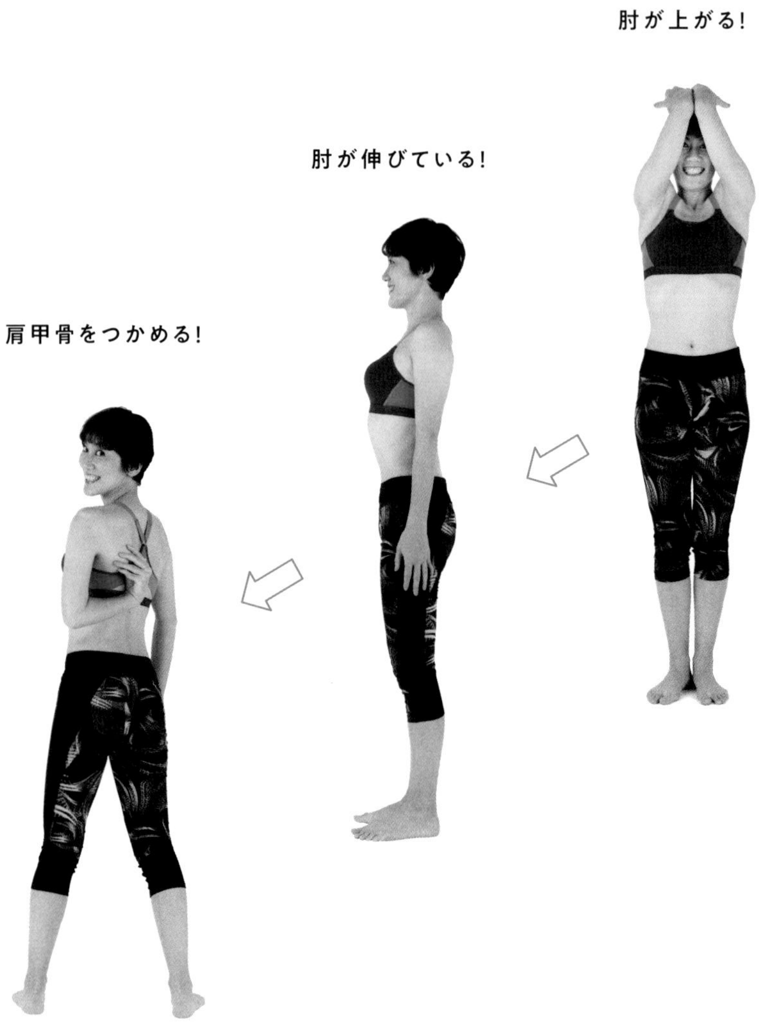
肘が上がる!
肘が伸びている!
肩甲骨をつかめる!

⑧ CHECK1～3を行い、それぞれやりやすくなっていることを確認。

# ずん胴の原因は動かない肩甲骨にアリ!

○ 肩甲骨が
正しい位置にある。

× 肩甲骨が
はりついて動かない。

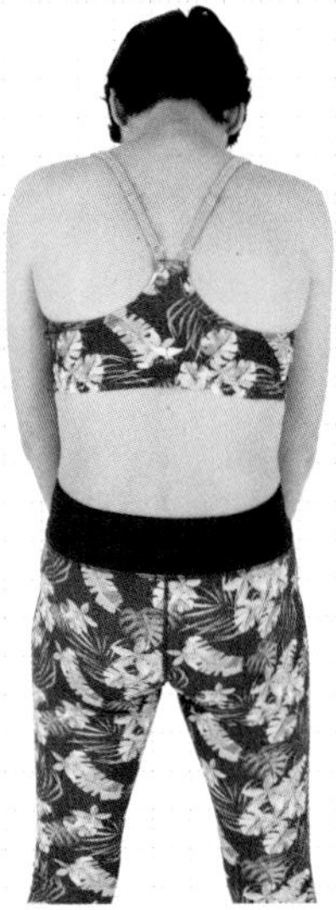

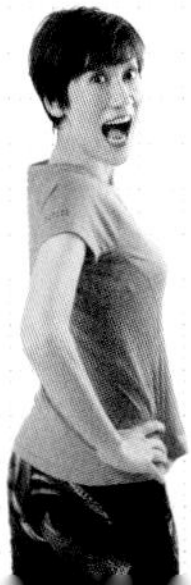

ウエストのくびれを
復活させて!

きれいに歩けば脂肪も燃える！

# やせる！　歩き方

## 体をひねりながら歩けば お腹がキュッ！

正しく歩くことは、最高のエクササイズです。ただし、お腹がかたく縮んだ状態では、エネルギーを使う歩き方はできません。やせる歩き方のポイントは、腕と足を大きく振ること。右足を踏み出したとき、右腕を後ろに引くことで腰が回ります。一歩ごとに体が左右にねじれるため、お腹まわりの筋肉がきたえられるのです。胸を張って腕を振り、足を大きく踏み出せる歩き方を身につけましょう。

動画で確認!

CHECK

1

# 正しい姿勢キープ力チェック

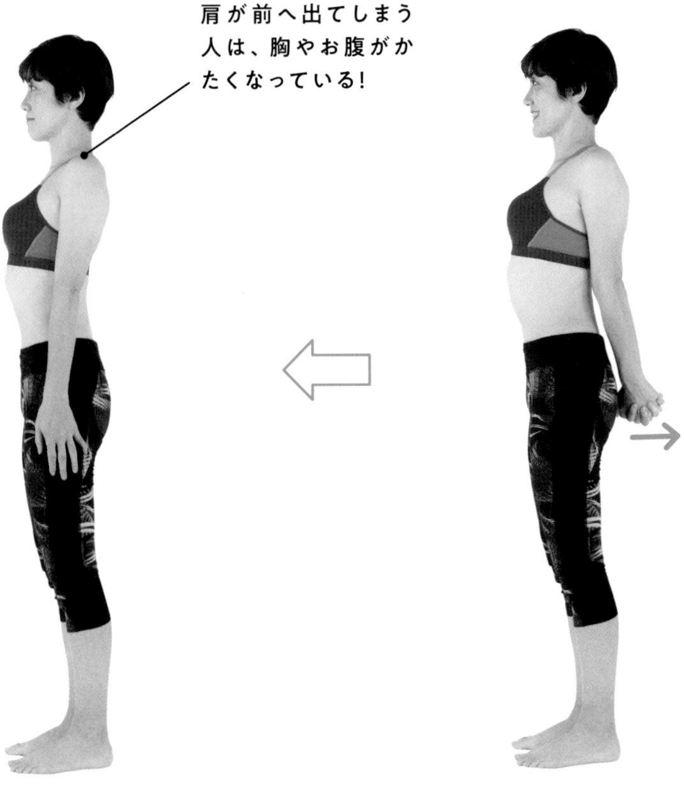
肩が前へ出てしまう
人は、胸やお腹がか
たくなっている!

**両手を後ろで組んで後ろへ引き、胸を伸ばす。
深呼吸してから、手を離して力を抜く。
肩の位置をそのままキープできるかどうかを確認。**

動画で確認!

# 歩いてやせる体をつくる

## エクササイズ

① 自然に立ち、左足を1歩後ろへ。伸ばした左腕を頭の上へ上げ、足の付け根～お腹を伸ばして深呼吸。反対側も同様に。

肘をしっかり後ろへ引く。
腕を振りながら上半身をひねる。

② 片方の足を1歩後ろへ引いて立ち、両腕を曲げて前後に振る。お腹に力を入れ、上半身をひねることを意識する。反対側も同様に。

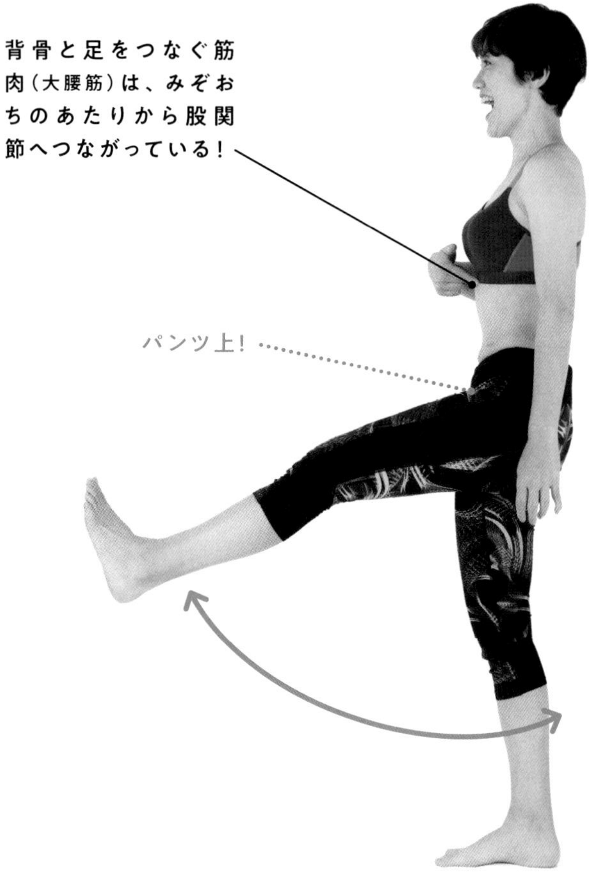
背骨と足をつなぐ筋肉（大腰筋）は、みぞおちのあたりから股関節へつながっている！
パンツ上！

③ 壁などに手をついて体を支え、みぞおちを高い位置でキープ。足を片方ずつ前後に振る。みぞおちから足を動かす感覚を意識する。

# あなたの足は、股関節から生えてるんじゃない。

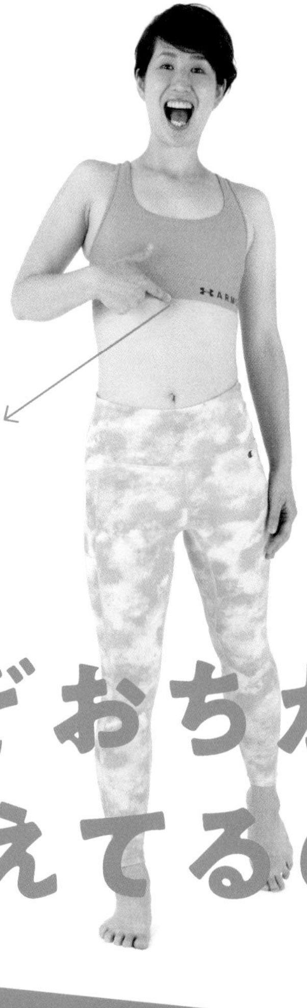


# みぞおちから生えてるの!

COLUMN 3

# すき間時間の「ちょいトレ」で 脂肪燃焼&筋力アップ!

「シェイプアップには筋トレ！」というイメージがありますが、ポッコリ人のまま筋トレをするのは、あまりおすすめできません。筋肉があちこちにはりついて動かない状態では効果がそれほど期待できないうえ、体がスムーズに動かず、体を痛める可能性もあるからです。まずは「つまぷる」やストレッチを続け、スッキリ人になってから、無理なくできる短時間の「ちょいトレ」にも挑戦してみてください。

おすすめは、**「その場もも上げ」**。お湯が沸くのを待つ間に1分、レンチン中に2分、その場で太ももを高く上げて足踏みしてみましょう。お腹に力を入れ、筋肉の動きを感じながら行うと、お腹まわりにしっかり効いてきます。腹筋をきたえれば、お腹を伸ばした姿勢をラクにキープすることができるようになります。おまけに、筋肉が増えるほど「何もしていないときに使われるエネルギー量」も増えていく！「つまぷる」やストレッチに「ちょいトレ」習慣を加えれば、「スッキリ人化」がさらに加速していくでしょう。

家事や仕事の合間のすき間時間を「ちょいトレタイム」に!

# 第 4 章

明日のお腹やせのために

# ストレッチ・ルーティーン

寝る前5分！

# おやすみストレッチ

寝る前にふとんの上で軽く体をほぐしておくと、
気持ちよく熟睡できます。

## ① ふくらはぎリリース

ひざでふくらはぎを
ゴシゴシ。
痛いところは重点的に。

仰向けに寝てひざを曲げ、右足を左足にのせる。
ひざを使って、ふくらはぎ全体のこりをほぐす。
反対側も同様に。

動画で確認!

## ② お腹のつまぷる

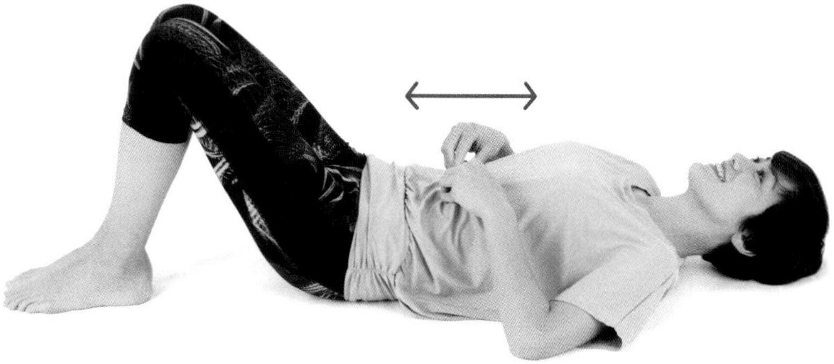

足を下ろしてひざを立てた姿勢で、
お腹のお肉をつまんでゆらす。
つまむ位置を変えながら、
お腹全体をほぐす。

## ③ 脇腹のストレッチ&つまぷる

両ひざをそろえたまま右へ倒し、
左の脇腹のお肉をつまんでゆらす。
反対側も同様に。

## ④ 胸のストレッチ&つまぷる

右を上にして横向きに寝る。
右腕を後ろへ伸ばして床につけ、
左手で胸のお肉をつまんでゆらす。
反対側も同様に。

# ⑤ お腹のストレッチ

お腹や胸をほぐしてあるから、気持ちよく伸びられる!

つま先は上。

かかとを押し出すように。

仰向けに寝て、両腕を頭の上へ。
両腕・両足を同時に伸ばす。

## ⑥ 熟睡呼吸

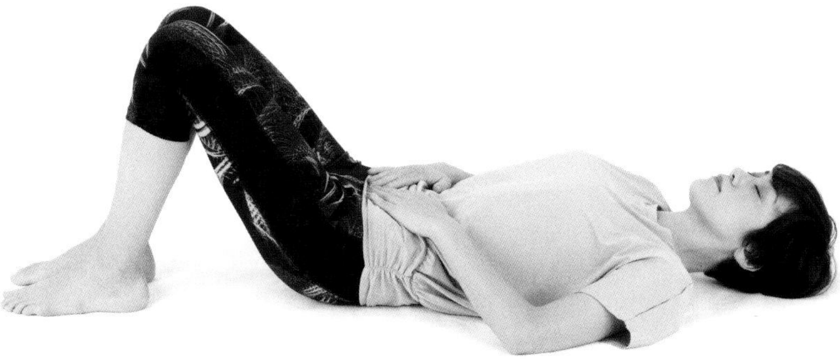

仰向けに寝てひざを立て、両手をお腹に当てる。
鼻から息を吸い、
口から細くゆっくり吐く呼吸をくり返す。

起き上がる前5分！

# おはようストレッチ

目が覚めたら、起き上がる前にストレッチ。
一日中「やせスイッチ」をオン！

## ① 全身ストレッチ

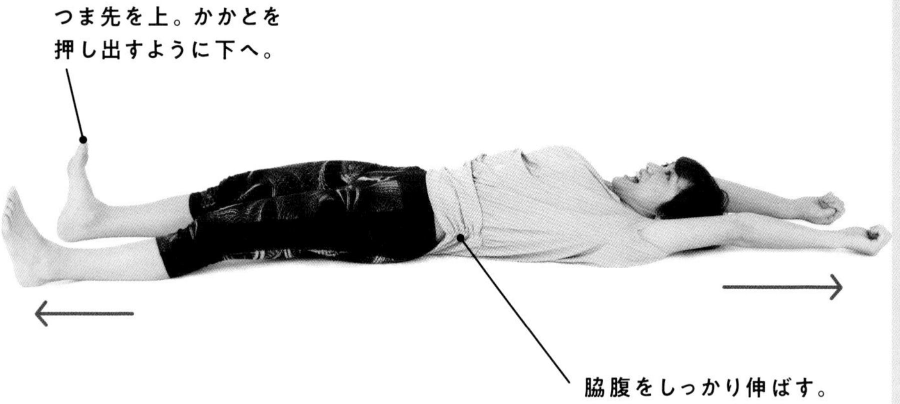
つま先を上。かかとを
押し出すように下へ。
脇腹をしっかり伸ばす。

仰向けに寝て、両腕を頭の上へ。
右手と右足、左手と左足を同時に伸ばす動きをくり返す。

動画で確認!

## ② 腰のストレッチ

腰をしっかり伸ばす。

両ひざを曲げ、両腕でひざをかかえて胸に引き寄せる。

## ③ ひざ倒し

息を吐きながら左右
交互に倒す。

仰向けに寝てひざを立て、
両ひざをそろえたまま右へ倒す。
反対側も同様に。

## ④ 腰ひねり

左手で押さえ、できるところまで床に近づける。

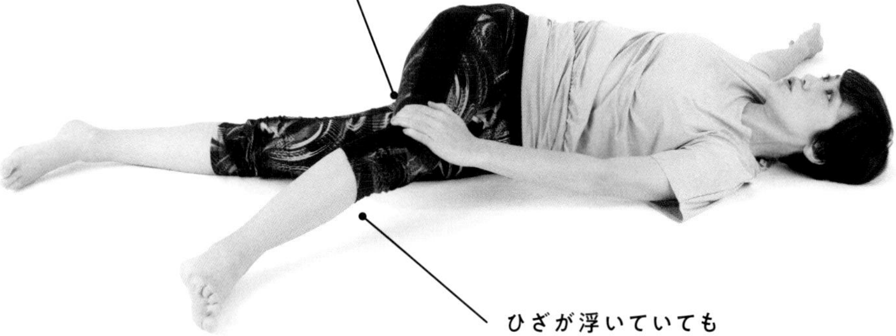

ひざが浮いていてもOK!

仰向けに寝て足を伸ばす。
右足を曲げてできるところまで左へ倒し、
右腕は後ろへ伸ばして床につける。
反対側も同様に。

## ⑤ 胸伸ばし

胸と脇をしっかり
伸ばす。

肘が曲がっていても
OK。

床に両ひざをつき、
両手を体の前について体を床のほうへ沈める。

## ⑥ 胸&背中のストレッチ

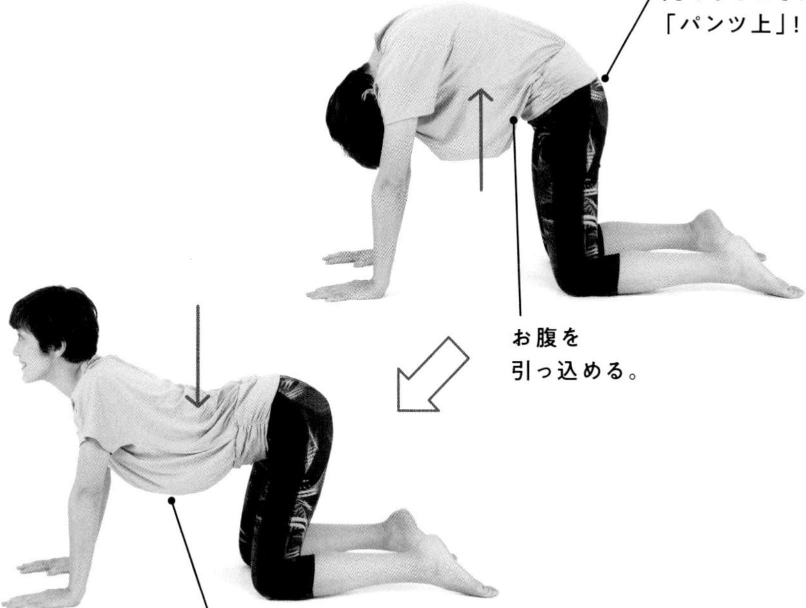
丸くなるときは
「パンツ上」!
お腹を
引っ込める。
胸とお腹を伸ばす。

両手を肩、両ひざを股関節の真下につく。
お腹を見るように頭を下へ向け、
息を吐きながら背中を丸める。
その後、息を吸いながら背中を反らす。

# ⑦ スッキリ人呼吸

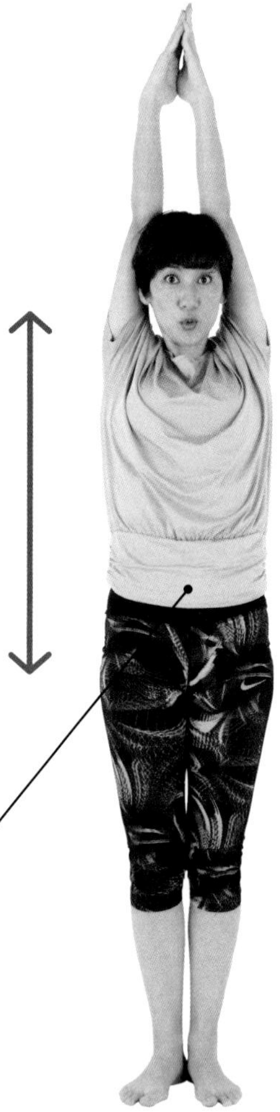

できるだけ細長〜く伸びて、
やせスイッチON!

お腹をへこませたまま
深呼吸。

自然な姿勢で立ち、両手を合わせて頭の上へ。
しっかり伸び、
お腹をへこませながら深呼吸。

# 腹筋は天然の
# コルセット！

**使えるようにすれば、**
**ポッコリお腹も**
**スッキリへこむ。**

## みっこ

心と体のコンディショニングトレーナー。スポーツクラブ、ゴルフスクールパーソナルトレーナー、腰痛治療院整体師を経て、独立。開始から2年でチャンネル登録者数28万人を達成した、YouTube「40代からの動ける体チャンネル」では、運動が苦手でもできる簡単エクササイズを多数紹介。なかでもつまんでゆらすだけ、伸ばすだけのみっこ式でお腹やせする人が続出！毎回満員御礼の人気オンラインダイエットプログラム「40代からの動ける体学校」でも、40～60代の女性たちがたった2ヶ月で、ポッコリお腹をぺったんこにへこませている。アラフィフの著者自身が、年齢に負けず好きなことを楽しむために体のケアを研究。とことん明るいキャラクターにもファンが多く「体が変われば人生が変わる」というメッセージを伝え続けている。

YouTube：40代からの動ける体チャンネル
Instagram：@mikiko6pack

**1日《いちにち》ひとつやるだけで、**
**−9センチも夢《ゆめ》じゃない！**

# 40代《だい》からのお腹《なか》やせ

2021年７月28日　初版発行
2022年８月５日　８版発行

著者　みっこ
発行者　青柳昌行
発行　株式会社KADOKAWA
〒102-8177　東京都千代田区富士見2-13-3
電話0570-002-301（ナビダイヤル）
印刷所　凸版印刷株式会社



● お問い合わせ
https://www.kadokawa.co.jp/（「お問い合わせ」へお進みください）
※内容によっては、お答えできない場合があります。
※サポートは日本国内のみとさせていただきます。
※Japanese text only
定価はカバーに表示してあります。

　ISBN 978-4-04-605353-4 C0077